Paul G. Quinnett

Es gibt etwas Besseres als den Tod

HERDER spektrum
Band 4788

Das Buch

Wer am Leben verzweifelt, denkt oft nur an einen Ausweg. Der Suizid scheint alle Probleme zu lösen. Auch wenn Menschen, die sich das Leben nehmen, mitunter als „verrückt" betrachtet werden – die meisten von ihnen sind es nicht. Sie sind ganz normale Menschen, die so traurig, hoffnungslos oder wütend sind, daß sie es einfach nicht mehr aushalten. Oder sie haben einen schweren Schicksalsschlag erlitten und wissen nicht mehr, wie sie weiterleben sollen.
Der Autor begegnet Betroffenen dort, wo sie stehen – mit ganz einfachen Fragen: Wann tauchte der Gedanke an Selbstmord zum ersten Mal auf? Gibt es Bekannte, die sich das Leben genommen haben? Steht die Entscheidung, dem eigenen Leben ein Ende zu bereiten, wirklich unumstößlich fest? Viele Menschen ringen lange um diese Entscheidung – und kommen im Nachdenken über den eigenen Tod dem Leben wieder näher. Der Autor möchte Betroffenen ihre Suizidpläne nicht einfach ausreden – das ist auch gar nicht möglich. Aber er bittet sie um eine Atempause. Und er nennt eine Vielzahl guter Gründe, sich für das Leben zu entscheiden: Andere Menschen können helfen – niemand muß alle seine Probleme allein lösen. Sich das Leben zu nehmen ist niemals eine einsame Entscheidung – andere Menschen sind immer ganz unmittelbar und schwerwiegend mitbetroffen. Es gibt Möglichkeiten, mit Gefühlen von Wut und Ärger konstruktiv umzugehen., anstatt sie gegen sich selbst zu richten: Und es gibt Wege aus der Hoffnungslosigkeit – wer glaubt, zu nichts in der Lage zu sein, kann sich z. B. zunächst kleine, gut erreichbare Ziele setzen und so sein Leben Schritt für Schritt wieder in den Griff bekommen – bis hin zu der Gewißheit, eine schwere Krise überlebt zu haben und darin stärker geworden zu sein.
Hilfen und Anregungen für Betroffene, für Angehörige und professionelle Helfer, ergänzt um ein Verzeichnis der Adressen, an die man sich wenden kann. „Exzellent geschrieben ... ein sehr gutes und ein notwendiges Buch. Es gibt nichts Vergleichbares auf dem deutschen Markt." (Dr. Wolfram Dorrmann)

Der Autor

Paul G. Quinnett ist in den USA als Arzt und Psychotherapeut tätig. Er verfügt über langjährige Erfahrung in der Suizidprophylaxe.

Paul G. Quinnett

Es gibt etwas Besseres als den Tod

Suizidgefährdung – Rat und Hilfe

Aus dem Amerikanischen von Ursula Schottelius
Mit einem Nachwort von Dr. med. Michel Heinrich

Herder
Freiburg · Basel · Wien

Titel der amerikanischen Originalausgabe:
Suicide. The Forever Decision
Published by arrangement with The Crossroad Publishing Company
© 1987/1992 by Paul G. Quinnett
Für Hinweise zur Adaption der deutschen Ausgabe danken wir
Herrn Dr. jur. Hans-Georg Koch, Max-Planck-Institut für
Ausländisches und Internationales Strafrecht, Herrn Erich Biel,
Telefonseelsorge Freiburg e.V., Herrn Dr. Michel Heinrich, Königsfeld,
sowie Herrn Dr. Wolfram Dorrmann, Bamberg.
Das Nachwort wurde übersetzt von Birgit Hardt.

Gedruckt auf umweltreundlichem,
chlorfrei gebleichtem Papier

Erweiterte Neuausgabe

Die erste Ausgabe erschien unter dem Titel
„Warum mit dem Leben Schluß machen?"
Alle Rechte vorbehalten – Printed in Germany
© Verlag Herder Freiburg im Breisgau 2000
Herstellung: Freiburger Graphische Betriebe 2000
Umschlaggestaltung: R·M·E, Roland Eschlbeck, Liana Tuchel
Umschlagmotiv: © Superbild
Copyright Autorenfoto: © Rick Singer Photography
ISBN 3-451-04788-8

Inhalt

Einführung	7
1. Man muß nicht verrückt sein	9
2. Ein tödlicher Gedanke	14
3. Habe ich nicht das Recht zu sterben?	17
4. Sind Sie völlig sicher?	25
5. Einen Schritt zurück, bitte!	31
6. Der Käfer in der Tasse	34
7. Einsamkeit	37
8. Gute Nachrichten für Depressive	46
9. Suizid aus Wut?	52
10. Höchster Streß	60
11. Abgrundtiefe Hoffnungslosigkeit	72
12. Drogen, Alkohol und verhängnisvolle Irrtümer	84
13. Ihr Tod macht Sie auch nicht liebenswerter	91
14. Für die, die es versucht haben	101
15. Wenn es nun nicht gelingt?	107
16. Die Hinterbliebenen – Opfer?	113
17. Die Zeit heilt	120
18. Hilfe	123
19. Eine Lebensphilosophie	131
Epilog	139
Professionelle Hilfen in der Nähe. Von Dr. med. Michael Heinrich	143
Initiativen und Einrichtungen der Suizidprophylaxe	147
Literatur	157

Einführung

Ich weiß nicht, wer Sie sind und warum Sie dieses Buch lesen. Ich weiß nur, daß es im Augenblick vor Ihnen liegt, und kann nur hoffen, daß Sie weiterlesen, wenn Sie es brauchen. Als Autor dieses Buches wüßte ich gerne mehr von Ihnen, aber falls wir uns nicht zufällig irgendwo treffen sollten, werden wir uns nie kennenlernen. Also sitzen wir schon gleich am Anfang fest. Wir sind uns fremd und werden es bleiben. Das sollte uns jedoch nicht hemmen, und mich zumindest wird es nicht bremsen.

Ich werde mich mit diesem Buch direkt an Sie wenden, so als säßen Sie vor mir in meinem Büro, einem warmen, ruhigen und persönlich gehaltenen Raum. Wir haben bequeme Stühle, und das Telefon wird nicht läuten. Wir werden ungestört sein. Hier pflege ich zu tun, was Psychologen oft tun – Menschen zuhören, mit ihnen reden, versuchen, bei ihren Problemen zu helfen.

Zunächst muß ich gewisse Dinge bei Ihnen einfach voraussetzen. Und obwohl es gefährlich ist, mit bestimmten Vorstellungen an Menschen heranzugehen, ist es wegen unserer besonderen Beziehung notwendig. Ich werde voraussetzen, daß Sie, weil Sie dieses Buch lesen, schon daran gedacht haben, sich das Leben zu nehmen, es vielleicht sogar schon versucht haben. Auf jeden Fall nehme ich an, Sie stecken in großen Schwierigkeiten und haben erwogen, Ihrem Leben ein Ende zu machen.

Unter dieser Voraussetzung also werde ich mit Ihnen über die Mühsal des Lebens und die Folgen des Sterbens sprechen, soweit ich darüber Bescheid weiß. Ich werde mit Ihnen über Selbsttötung reden. Und weil es um Ihr Leben geht, werde ich keine Zeit verschwenden. Ich werde Ihnen nichts vormachen. Ich werde kein Blatt vor den Mund nehmen, im Gegenteil. Ich werde so ehrlich und freimütig sein, wie ich kann.

Und weil ich viele Menschen gekannt habe, die sich umbringen wollten, und zu viele, die es getan haben, ahne ich, wie Ihnen augenblicklich zumute ist. Ich weiß, daß Sie vielleicht nicht in der Stimmung sind, ein Buch zu lesen, aber dieses sollten Sie lesen. Ich werde mich kurz fassen.

Ich habe dieses Buch u. a. deswegen geschrieben, weil Selbsttötung ein unangenehmes Thema ist. Man spricht nicht gerne darüber. Keiner hört gerne, daß ein Mitmensch den einzigen Ausweg in der Selbstzerstörung sieht. Aber Schweigen tut nicht gut. Es ist weder gut für den leidenden Menschen noch für uns. Wer von uns will schon wahrhaben, jemand, den wir kennen, sei so verzweifelt und allein, daß er seine Probleme nur durch Selbsttötung lösen zu können glaubt. Es ist an der Zeit, darüber zu sprechen, und zwar ganz offen.

Sicher wird man einwenden, eine zu offene Sprache über Suizid könnte einen Leser erst recht veranlassen, sich das Leben zu nehmen. Ich glaube, das stimmt nicht.

Eher meine ich, je mehr wir über das Sterben erfahren, desto mehr lernen wir über das Leben und sind dann vielleicht eher in der Lage, die uns verbleibende Zeit voll auszukosten.

Ein weiterer Grund für dieses Buch ist, daß viele Menschen sich umbringen, ohne auch nur zu ahnen, wie nahe die Hilfe war: nämlich einen Telefonanruf entfernt. Man kann sich fragen, wie so etwas in unserer modernen Zeit möglich ist. Aber es trifft zu. Vielleicht gelangt also dieses Buch in die Hände von jemand, der nie wußte, daß es Hilfe gab und wo er sie hätte finden können. Vielleicht macht die Lektüre Mut, diese Hilfe zu erbitten oder noch etwas durchzuhalten, so lange, bis das Leben eine Wendung zum Besseren nimmt und die Gedanken an Selbsttötung vergehen.

Eine letzte Bemerkung: Ich bin kein Zauberer und habe keine schnellen Lösungen für Lebensprobleme. Die hat niemand. Also werde ich Ihnen keine einfachen Auswege offerieren oder Lösungen anbieten für Schmerz und Leid, die zu unser aller Leben gehören. Aber weil dieses Buch von Selbsttötung handelt und nicht mehr und nicht weniger als Ihr Leben auf dem Spiel steht, werde ich mich nicht für das entschuldigen, was ich Ihnen zu sagen habe und was Sie vielleicht nicht gerne hören werden. Dieses Buch könnte ja das letzte sein, das Sie je lesen.

Paul Quinnett

1. Man muß nicht verrückt sein

Als allererstes möchte ich Ihnen sagen: Man muß nicht verrückt sein, um an Suizid zu denken oder sogar um ihn zu versuchen. Selbsttötung *ist* eine Lösung. Gleichgültig, was man Ihnen auch sagt: Der Suizid löst Probleme, zumindest *Ihre* Probleme und zwar ein für allemal, wenn er gelingt. Sicher haben Sie sich schon überlegt, daß nichts mehr Sie verletzen kann, wenn Sie tot sind. Sie können sich nicht mehr elend fühlen, wenn Sie tot sind, es kann Ihnen völlig gleichgültig sein, was geschieht und in welch tiefem Loch Sie auch immer stecken. Sobald Sie aufhören zu atmen, ist die Qual zu Ende. Da wir uns nicht gleich am Anfang etwas vormachen wollen, möchte ich nicht mit Ihnen darüber streiten, ob Selbstmord in diesem Sinne funktioniert oder nicht. Er funktioniert, oder jedenfalls sieht es so aus.

Ehe Sie an diesen Punkt in Ihrem Leben kamen, haben Sie wahrscheinlich Menschen für verrückt gehalten, die sich umbringen wollten, weil sie sich so elend fühlten. Nun, in ähnlicher Lage, können Sie sich vielleicht in sie hineinversetzen. Aus welchen Gründen auch immer wird man auch von Ihnen sagen, Sie müssen verrückt sein, um an Selbsttötung zu denken. Oder wenn Sie tot sein werden, wird man sagen, Sie müssen verrückt gewesen sein, um das zu tun.

Aber in Wahrheit sind die meisten Selbstmörder nicht geistig krank, wenigstens nicht im formalen Sinne. Durchaus nicht. Sie sind Menschen wie Sie und ich, die – aus Gründen, die Sie, wie ich hoffe, mit mir durchleuchten werden – beschlossen haben, das Leben sei nicht mehr wert, gelebt zu werden. Sie sind so traurig, hoffnungslos oder wütend, daß sie es einfach nicht mehr aushalten. Oder sie haben so einen schweren Schlag erlitten, daß sie aufgeben und keinen anderen Weg mehr sehen, dieses Gefühl des Verlustes und Ausgeliefertseins zu überwinden. Aber sie sind nicht verrückt, und sehr wahrscheinlich sind Sie es auch nicht.

Im weiteren Verlauf dieses Buches werde ich über Depression,

Einsamkeit, Zorn, Hoffnungslosigkeit, Streß und Belastungen sprechen und darüber, wie diese Gemütszustände uns beeinflussen und Gedanken an Selbsttötung auslösen. Aber im Augenblick möchte ich Sie lieber ermutigen, dieses Buch von vorne bis hinten durchzulesen, so daß Sie das »Wie« und »Warum« verstehen lernen und all die Gefahren und Konsequenzen, die sich aus dem Versuch der Selbsttötung ergeben.

Wenn man beginnt, über Suizid als einen Ausweg nachzudenken, ergibt sich als erste Konsequenz, daß man sich besser fühlt, manchmal nur ein bißchen, manchmal viel besser. Schließlich ist es eine Erleichterung, für ein scheinbar nicht zu lösendes Problem doch eine Lösung zu finden. Vielleicht fragen Sie: »Wie ist das möglich?«

Der Mensch kann sich Dinge vorstellen, die er nie getan hat, oder Orte, an denen er nie gewesen ist, also auch, wie es wohl sein mag, wenn man tot oder zumindest nicht mehr am Leben ist. Nur der Mensch kann sich den eigenen Tod ausmalen, kann ihn wie eine Filmrolle durchspielen. Wir können die Augen schließen und uns leblos in einem Sarg liegen sehen. Und ob wir es nun zugeben oder nicht: Fast alle haben wir uns schon einmal vorgestellt, wie es wäre, tot zu sein.

Diese Fähigkeit, uns ein Ende aller Probleme vorzustellen, läßt den Gedanken an Selbsttötung aufkommen. Und daran kann uns niemand hindern. Unsere Seele, unsere Phantasie kann den Tod gedanklich vorwegnehmen, und gerade diese Fähigkeit macht unser Menschsein aus.

Meiner Ansicht nach haben Sie das Recht, über Selbsttötung nachzudenken: als einen Weg, Probleme, mit denen Sie sich gerade herumschlagen, zu lösen. Jeder kann diese Entscheidung treffen, manchmal ist es unsere einzige, und manchmal kann sie sogar die richtige sein, für gewisse Menschen jedenfalls.

Aber im Augenblick möchte ich die Suizid-Entscheidung beiseite legen und Sie bitten, bis zum Ende des Buches mit mir zu gehen. Sie ahnen sicher, daß ich dieses Buch nicht schreibe, um jemand zur Eile anzutreiben. Im Gegenteil, ich will Ihnen helfen, sich näher mit Selbsttötung zu beschäftigen und vielleicht auf eine Weise, die Ihnen noch nicht eingefallen ist.

Noch etwas anderes möchte ich Ihnen zu bedenken geben. Jedesmal, wenn wir eine Entscheidung treffen müssen, treffen wir die unserer Ansicht nach bestmögliche. Keiner, der sich an die Lösung eines Problems macht, sagt sich: »Ich glaube, dieses Mal wird meine Entscheidung miserabel sein.« Im Gegenteil: Zunächst überdenken wir alle uns zugänglichen Informationen mit unserem kleinen Verstand und entscheiden uns dann, wobei wir uns selbst die Daumen halten, daß wir das Richtige tun. Und genau hier liegt das Problem.

Wenn wir nun nicht alle nötigen Informationen hätten, um eine wirklich gute Entscheidung zu treffen? Wie oft sagt man sich nicht rückblickend: »Das hätte ich nicht machen sollen, ich habe ja nicht geahnt, daß es so ausgehen würde. Wie konnte ich nur so dumm sein?« So ist es mir selber schon hundertmal ergangen und Ihnen sicher auch. Niemand hat ein Monopol, wenn es um Dummheiten geht, und es ist einfach menschlich, Entscheidungen zu treffen, die man später bereut.

Täglich verlangt das Leben von uns eine Vielzahl von Entscheidungen: kleine, was man z. B. morgens zur Arbeit oder in die Schule anziehen soll, und große lebenswichtige, wen man heiraten soll, oder wenn alles schiefläuft, ob man überhaupt weiterleben soll. Das geht jedem so. Die Schwierigkeit liegt darin, daß wir nie alle notwendigen Informationen zu haben scheinen, um stets die bestmögliche Entscheidung zu treffen. Nur dann wäre es eine perfekte Entscheidung. Aber da dem nicht so ist, bleiben unsere Entscheidungen unvollkommen, und wir bereuen sie später. Das gilt für alle, und ich sehe für niemand einen Ausweg.

Aber es gibt Hoffnung. Mit dem Alter wird man im allgemeinen etwas gewitzter, denn mit den Jahren bekommt man mehr Informationen, und folglich kann man bessere Entscheidungen treffen. Denken Sie nur zurück an Ihre Kindheit. Gibt es da nicht auch bei Ihnen eine Entscheidung, die Sie nach Ihrem heutigen Wissensstand nie wieder so treffen würden?

Wenn Sie z. B. rauchen: Hätten Sie je Ihre erste Zigarette angezündet, wenn Sie damals gewußt hätten, was Sie heute über das Rauchen wissen? Wahrscheinlich nicht. Vielleicht haben Sie auch nach einem Streit mit einem Freund oder den Eltern beschlossen, nie wieder mit ihnen zu reden. Würden Sie heute noch genauso handeln? Sicher nicht. Der springende Punkt dabei ist, daß wir alle zurückblicken und einige unserer Entscheidungen bedauern können, weil wir heute wissen, daß wir dumm waren. Vielleicht sollten wir besser sagen: Unwissend. Daß wir nicht über alle Tatsachen verfügen, das ist wirklich das Problem. Aber es stört mich nicht, unwissend zu sein. Muß ich mich denn genieren, weil ich etwas nicht weiß? Kein Mensch hat mir je versprochen, daß ich alles wissen würde, wenn es darauf ankommt. Und falls Sie nicht eine andere Garantie bekommen haben, geht es Ihnen nicht besser.

Aber ich glaube, wir alle können hoffen, jeden Tag etwas klüger zu werden. Und wenn ich nach einer dummen Entscheidung zu mir sagen konnte: »Paul, das war töricht«, hatte ich das Gefühl, wenigstens nicht dümmer geworden zu sein.

Was hat das aber alles mit Suizid zu tun? Wenn Menschen über Selbsttötung nachzudenken beginnen, verfügen sie im allgemeinen nicht über alle Informationen, wenn sie es vielleicht auch glauben. Und weil Selbstmord eine so unwiderrufliche Entscheidung ist, die nicht zurückgenommen und ungeschehen gemacht werden kann, sollte man aus eigenstem Interesse diese Entscheidung erst treffen, wenn alle Fakten berücksichtigt worden sind.

Und ich meine jede einzelne Entscheidung, die diese Konsequenz hat.

Menschen, die an Selbsttötung gedacht und sie schließlich beschlossen haben, haben mir gesagt, daß sie sich nach dem Entschluß plötzlich besser fühlten, einige sagten sogar, wunderbar. »Jetzt wissen wir, was zu tun ist«, sagten sie. Und genau so geht es jedem von uns, wenn wir schließlich eine Lösung für ein schwieriges Problem gefunden haben. So, als ob eine große Last von uns genommen worden wäre und wir eine wirkliche Erleichterung verspürten.

Aber bitte einen Augenblick. Natürlich macht ein Suizid jedem Schmerz ein Ende, er schafft alle Probleme aus der Welt, beendet einen Alptraum. Aber ist es wirklich so einfach? Ist es nicht doch ein bißchen unheimlich? Und ist es nicht endgültig?

Die letzte Frage finden Sie sicher einfältig. Natürlich ist ein Suizid endgültig. Aber vielleicht erstaunt es Sie, daß jüngere Menschen sehr wenig vom Tod und seiner Endgültigkeit wissen. Doch je älter man wird, desto mehr Tod erlebt man in seiner Umgebung, und allmählich begreift man, daß ein erfolgreicher Selbsttötungsversuch wirklich das Ende des Lebens bedeuten kann. Einer meiner Freunde, der mit selbstmordgefährdeten jungen Leuten arbeitet, sagte kürzlich: »Manche der Jungen halten den Suizid für eine gute Masche. Sie haben ein großes Problem und sagen: ›Jetzt werde ich es mal mit Selbstmord probieren. Wenn das nicht hinhaut, versuche ich nächste Woche etwas anderes.‹«

Nächste Woche?

Wenn ich in diesem Buch wirklich eine Aufgabe sehe, so möchte ich Sie vor allem davon überzeugen, daß alles, was wie eine schnelle und einfache Lösung aussieht, in Wirklichkeit weder schnell noch einfach ist. Meistens ist ein Suizid ein kompliziertes unschönes Geschäft, das genau so viele Probleme schafft, wie es löst. Richtig, man muß nicht verrückt sein, um daran zu denken, vielleicht ihn sogar zu versuchen, aber, verzeihen Sie den Scherz, Selbstmord kann Ihre Gesundheit ernsthaft gefährden.

2. Ein tödlicher Gedanke

In diesem Kapitel möchte ich einfach mit Ihnen darüber sprechen, wann Ihnen zum erstenmal der Gedanke kam, sich das Leben zu nehmen. Er ist doch nicht plötzlich aus dem Nichts aufgetaucht. Aber weil ich Sie nicht fragen kann, wie Sie auf die Idee kamen, will ich mein Bestes tun, Ihnen dabei zu helfen, das selbst herauszufinden.

Fragen Sie sich ganz einfach: »Wann habe ich zum erstenmal daran gedacht, mir das Leben zu nehmen?«

Zweite Frage: »Kannte ich jemand, der sich selbst umgebracht hat?«

Menschen lernen voneinander, und wir alle sind geneigt, Beispielen von Bekannten, aber auch von Fremden oder berühmten Leuten zu folgen. Wir lernen durch einen Blick auf unseren Nachbarn, welche Gabel wir bei einem offiziellen Essen nehmen müssen. Wir lernen, was man zum Tanzen anzieht, indem wir aufpassen, was andere tragen. Die Länge unserer Haare hängt zum großen Teil von der unserer Altersgenossen ab.

Wir Amerikaner wissen zum Beispiel, daß Marilyn Monroe sich selbst tötete. Wir wissen, daß der Schriftsteller Ernest Hemingway sich das Leben nahm. Immer wieder lesen wir von Menschen, die sich umbringen. Und manchmal denken wir: »Wenn jemand wie Marilyn Monroe, so schön, so reich und so berühmt, sich das Leben nehmen kann, warum sollte ich es nicht tun?«

Oder vielleicht hat jemand aus unserer Familie Selbstmord begangen. Wenn einer unserer Eltern sich selbst getötet hat, liegt die Frage nahe: »Wenn es Vater nicht mehr ausgehalten hat, wie sollte ich es können?«

Oder vielleicht hat sich einer unserer besten Freunde das Leben genommen. Oder jemand aus der Schule. Wenn wir uns in unserer Heimatstadt umsehen, die Zeitungen lesen oder die Nachrichten im Fernsehen verfolgen, so wird doch eine Sache ganz klar: Immer wieder töten sich Menschen selbst. Ich will nicht direkt von Zeitvertreib sprechen, aber Suizidversuche in unserer Umgebung sind an der Tagesordnung. Die Zeit, die Sie brauchten, um diesen Absatz zu lesen, genügte für einen Selbsttötungsversuch irgendwo in unserem Land. Experten sprechen sogar von einer Epidemie.

Was bedeutet das? Es bedeutet, daß wir den *Gedanken* zur Selbsttötung von anderen bekamen. Wir sind nicht von selbst auf diese Lösung gekommen. Selbstmord ist mitnichten eine neue Idee, und Menschen haben sich selbst getötet, seit es Menschen gibt. Wenn also jemand auf den Gedanken gekommen ist, sich umzubringen, dann muß er ihn irgendwo aufgegriffen haben – von einem Freund, einem Familienmitglied, einer Berühmtheit. Irgend jemand hat uns irgendwo vorgeführt, daß Suizid etwas ist, was wir auch tun können. Und wenn ein anderer uns gezeigt hat, wo ein Weg ist, fällt es uns dann nicht leichter, ihn auch einzuschlagen?

Forschungsergebnisse sind da eindeutig: Wenn eine Berühmtheit wie Marilyn Monroe sich tötet, steigt die Selbstmordrate, als ob Menschen, die ihre Probleme für unlösbar hielten, durch Marilyns Beispiel erkannten, daß Selbsttötung tatsächlich eine Möglichkeit ist. Vielleicht sagten sie sich: »Was bei Marilyn geht, geht auch bei mir.« Und als ein Idol japanischer Teenager kürzlich in den Tod sprang, sprangen in den nächsten Tagen mindestens sechs Teenager nach, die sich auf ihr Beispiel beriefen. Bei Goethes »Werther« war es nicht anders.

Dasselbe geschieht heute in unserer unmittelbaren Umgebung. Wenn sich ein oder zwei Kinder in einer amerikanischen High School umbringen, werden wahrscheinlich andere dem Beispiel folgen. Und wenn jemand aus der Familie Selbstmord begeht, sind andere Familienmitglieder gleichermaßen suizidgefährdet. Im Guten wie im Schlechten lernen wir alle aus Beispielen.

Ein selbstmordgefährdeter Mann, mit dem ich arbeitete, war fest entschlossen, sich das Leben zu nehmen. Seine Frau hatte eine Affäre mit einem anderen, die Kinder machten Schwierigkeiten, und mit seiner Arbeit klappte es auch nicht. Ich fragte ihn, wie er auf den Gedanken gekommen sei, sich selbst zu töten. »Meine beiden Eltern haben sich das Leben genommen«, sagte er.

Noch nie habe ich jemand gekannt, dessen beide Eltern sich umgebracht haben. Aber mir war klar, daß das Beispiel der beiden wichtigsten und einflußreichsten Menschen in seinem Leben gegen alles stand, was ich ihm sagen konnte, warum er weiterleben sollte: Vater und Mutter.

»Ich war erst fünf Jahre alt, als sie es taten«, sagte er, »daher glaube ich nicht, daß es mich sehr berührte.«

Aber natürlich hatte es ihn berührt. Während unserer Arbeit gab er zu, daß ihn vor jedem schweren Problem im Leben der Gedanke an Selbstmord fast gegen seinen Willen beschlichen hätte, so als ob trotz seines Versprechens, sich nicht selbst zu töten wie seine Eltern, er doch immer daran denken mußte. Und da nun alles in seinem Leben schieflief, konnte er diesen Gedanken nicht länger ausschließen.

In gewisser Weise hatte dieser Mann wirklich keine Chance, solche Gedanken zu vermeiden, die seit seinen ersten Erinnerungen präsent waren, so als ob seine Eltern ihm eine schreckliche Hypothek hinterlassen hätten. Sie haben ihm durch ihr Vorbild einen Ausweg gezeigt, wenn das Leben unerträglich werden sollte.

Ich muß Sie also noch einmal fragen: Woher bekamen Sie die Idee, sich das Leben zu nehmen? Hat Ihnen ein Nahestehender den Weg gewiesen? Haben Ihnen Eltern oder Großeltern, ein Onkel oder eine Tante, oder ein Freund ein Beispiel gegeben? Oder haben Sie Ihr Elend an einem Menschen gemessen, den Sie zu kennen meinten, und gedacht, wenn er im Selbstmord eine Lösung sah, warum dann nicht auch ich?

Wenn Ihre Antwort ja lautet, dann möchte ich Ihnen eine einfache Frage stellen: »Ist Ihr Leben, Ihr Problem, Ihr besonderer Schmerz genau der ihre? Sind Sie identisch mit ihnen in einer identischen Krise?«

Hier muß Ihre Antwort wohl nein lauten. Denn ob es Ihnen nun paßt oder nicht, wir sind alle getrennte, durchaus verschiedene, einmalige menschliche Wesen. Nie hat es einen mit uns völlig identischen Menschen auf diesem Planeten gegeben, und auch in Zukunft wird es keinen geben. So wenig wir uns vielleicht selbst leiden können oder bedauern, was wir getan haben oder was aus uns geworden ist, wir sind zumindest einmalig auf dieser Welt, und es wird nie mehr unseresgleichen geben.

Und wenn wir nun einmalige Geschöpfe sind, sollten wir dann nicht unsere eigenen, einmaligen Entscheidungen treffen?

3. Habe ich nicht das Recht zu sterben?

Viele selbstmordgefährdete Menschen, mit denen ich gearbeitet habe, haben mir diese Frage gestellt und offen gesagt, weiß ich darauf keine präzise Antwort. In gewisser Hinsicht bin ich darüber ganz froh. Da Sie aber wahrscheinlich die gleiche Frage haben, will ich Ihnen nicht vorenthalten, was ich anderen geantwortet habe.

Zunächst kommt es mir als Psychologen nicht zu, zu sagen, ob man ein Recht hat zu sterben. Nichts in meinem Studium, Werdegang oder in meiner persönlichen Erfahrung hat mir besondere Kenntnisse auf diesem Gebiet vermittelt. Ich bin kein Pastor oder Priester oder irgendeine kirchliche Autorität. Ich bin kein Richter. Wenn überhaupt, so habe ich gelernt, Leben zu retten, nicht mitzuhelfen, sie zu beenden. Vom rechtlichen Standpunkt glaube ich jedoch, Ihnen eine Teilantwort geben zu können: Nein, Sie haben kein absolutes Recht, sich zu töten.

Die Selbsttötung bzw. deren Versuch sind zwar keine strafbaren Handlungen. Trotzdem können sich aus einem Selbsttötungsversuch unter Umständen unerfreuliche Konsequenzen ergeben, da z.B. nach herrschender Ansicht die Polizei unter dem Gesichtspunkt der Gefahrenabwehr nicht nur einschreiten darf, sondern dies auch muß und die gefährdete Person zu ihrem eigenen Schutz in polizeilichen Gewahrsam nehmen kann. Die Selbstgefährdung kann auch zu einer Unterbringung in einem psychiatrischen Krankenhaus oder einer vergleichbaren Einrichtung führen.

Vor noch nicht langer Zeit gab es Länder, in denen Menschen, die versucht hatten, sich umzubringen, ins Gefängnis gesteckt wurden. Allerdings hat sich in den letzten Jahrzehnten allmählich die Einsicht durchgesetzt, daß die Selbsttötung als Symptom dafür angesehen werden muß, daß irgend etwas verzweifelt schief gelaufen ist, wenn Menschen sich töten wollen, die weiterleben würden, wenn ihnen Hilfe zuteil wird.

In bezug auf ein ›Recht-zu-sterben‹ herrscht in der Öffentlichkeit, aber auch in juristischen Fachkreisen, eine ziemliche Verwirrung. Das eine Extrem liegt bei denen, die behaupten, es gebe kein Recht zu sterben unter welchen Umständen auch immer. Die extreme Gegenposition postuliert, daß jeder von uns ein Recht habe zu sterben, wann immer er wolle, auch von eigener Hand.

Die Debatte um dieses Recht geht vor allem darum, ob ein Mensch, der an einer unheilbaren Krankheit leidet oder sehr alt und krank ist und trotz oft quälender Behandlung nicht gesund werden wird, das Recht hat, medizinische Behandlung abzulehnen. Die grundlegenden Fragen lauten: Darf ein Patient lebensrettende medizinische Versorgung verweigern, wenn er in jedem Falle sterben wird? Und sollte er das Recht haben, bei seinem Suizid unterstützt zu werden?

Bezüglich der letztgenannten Frage wäre festzustellen, daß ein »Recht auf Unterstützung einer Selbsttötung« (durch Dritte) oder gar ein »Recht auf aktive Euthanasie« im Sinne eines notfalls sogar einklagbaren Anspruchs wohl nirgends anerkannt werden.

Anders verhält es sich mit dem Recht, eine ärztliche Behandlung abzulehnen (auch wenn sie lebensnotwendig sein sollte) und dem Geschehenlassen eines freiverantwortlichen Suizids.

Die überwiegende Meinung in der juristischen Literatur tritt (schon unter dem Gesichtspunkt der grundsätzlich unzulässigen Zwangsbehandlung) für ein solches Recht ein und bejaht auch die Straffreiheit derjenigen Personen, die unter Respektierung eines freiverantwortlichen Sterbewillens den Betroffenen an der Selbsttötung nicht hindern.

Die Rechtsprechung dagegen bejaht zwar einerseits grundsätzlich das Recht auch des lebensgefährlich erkrankten Patienten, die rettende Behandlung abzulehnen. Wer nicht Hand an sich legt, sondern nur einer Krankheit ihren letztlich tödlichen Lauf läßt, ist kein Suizident. Andererseits nimmt die Rechtsprechung bei jedwedem Suizidversuch eine Rettungspflicht von besonders verpflichteten Garantenpersonen (das sind z. B. Angehörige) bzw. eine Hilfeleistungspflicht von jedermann an. Die Verletzung einer solchen Pflicht kann – zumindest dann, wenn der Suizident handlungsunfähig geworden ist – strafrechtliche Folgen nach sich ziehen.

Es gibt Organisationen, die eine Gesetzgebung fordern, die dieses

»In-Würde-Sterben« für unheilbare Kranke gestattet. Es gibt Gegenmeinungen, aber ich finde die Ziele dieser Gruppen human, soweit nicht für ein Recht auf Selbsttötung eingetreten wird, wenn jemand jung und gesund ist.

Wenn Sie aber nicht etwa vor kurzem erfahren haben, daß Sie unheilbar krank sind und in naher Zukunft sterben werden, nehme ich an, daß Sie aus anderen Gründen an Selbstmord denken.

Sie könnten fragen: »Was geschieht, wenn ich versuche, mich umzubringen und es nicht gelingt?«

Nach den sog. Unterbringungsgesetzen der einzelnen Bundesländer kann die Gefahr der Selbsttötung eine zwangsweise Unterbringung z. B. in einem psychiatrischen Krankenhaus rechtfertigen. In den Gesetzen z. B. der Länder Baden-Württemberg, Berlin und Hessen ist die Selbstgefährdung sogar ausdrücklich als eigenständiger Unterbringungsgrund genannt. Allerdings ist der Richter, dessen Anordnung für eine solche Unterbringung erforderlich ist, in diesen Fällen zu einer besonders sorgfältigen Prüfung der Unterbringungsvoraussetzungen verpflichtet. Er wird sich regelmäßig den Rat ärztlicher Sachverständiger einholen, sollte jedoch deren Beurteilung nicht unbesehen übernehmen.

Es wurde schon erwähnt, daß man nicht geistig krank sein muß, um sich das Leben zu nehmen. Tatsächlich sind die meisten Menschen, die Suizid begehen, im juristischen Sinne nicht »geisteskrank«. Hier liegt offensichtlich ein sehr interessantes Problem vor.

Um zu verhindern, daß Sie sich töten, pflegen Ärzte wie ich vor Gericht zu plädieren, Sie gefährdeten sich aufgrund einer Geisteskrankheit selbst und bedürften einer Behandlung. Aber – und das ist das Unheimliche daran – Sie können durchaus innerhalb weniger Tage aufstehen und sagen: »Ich habe beschlossen, mich nun doch nicht umzubringen.« Und wenn Sie uns überzeugen können, daß Sie es ehrlich meinen, können Sie das Krankenhaus verlassen und nach Hause gehen. Frage: Sind Sie nun völlig von Ihrer sogenannten Geisteskrankheit geheilt?

Offensichtlich nicht, denn zum einen ist es durchaus möglich, daß Sie nie »geisteskrank« waren, was aber nicht heißt, Sie seien nicht niedergeschlagen oder zornig oder in einer größeren Lebenskrise und Beratung brauchten. In ein Krankenhaus eingewiesen werden, weil Sie an Selbsttötung dachten oder sie sogar versuchten, heißt für Leute wie mich lediglich, Sie waren so verwirrt und aus dem Gleichgewicht, daß Sie – zumindest zu diesem Zeitpunkt – Gefahr liefen, eine sehr schlechte Entscheidung zu treffen.

Sie haben also durchaus das Recht zu fragen: Wenn ich nicht »verrückt« bin, warum sind dann Gedanken an Suizid ein Symptom – und weiter: Ein Symptom wofür?

Ich glaube, wie gesagt, nicht, daß man geisteskrank sein muß, um an Selbsttötung zu denken. Sehr viele Menschen – hat die Forschung ergeben – haben schon einmal im Laufe ihres Lebens an Selbstmord gedacht, und zwar allen Ernstes, vielleicht genauso ernsthaft wie Sie. Und alle waren normal wie Sie. Sehr viele Menschen haben mir das bestätigt, einige sagten, sie müßten wohl zu dieser Zeit »vorübergehend geisteskrank« gewesen sein. Vielleicht ist das für das erste eine durchaus brauchbare Erklärung.

Im Augenblick sollten wir einfach die Tatsache akzeptieren, daß in der heutigen Zeit Selbsttötung nicht gutgeheißen wird und ein Versuch die Freiheit kosten kann – zumindest vorübergehend.

Befugt, und im Rahmen des Zumutbaren unter Umständen auch verpflichtet, einen Suizid zu verhindern, sind beispielsweise Leute wie ich: Psychologen, Psychiater, Sozialarbeiter, Krankenschwestern, Ärzte und alle möglichen Spezialisten im Gesundheitswesen und auf dem Gebiet der Drogen- und Alkoholbehandlung. Auch die Polizei hat Verantwortlichkeiten. Mit diesen Fachleuten – wie gut oder schlecht sie auch immer sein mögen – kommen Sie in Berührung, wenn Sie einen Selbsttötungsversuch machen, der nicht gelingt. Wenn er gelingt, ... dann wissen Sie sicher, wer sich Ihrer sterblichen Überreste annimmt.

Ein Wort der Warnung: Aus vielen Gründen, mit denen ich Sie nicht langweilen will, können Sie nicht immer damit rechnen, daß das System perfekt funktioniert. Wenn Sie einen Suizidversuch machen, und er gelingt nicht, dann bedenken Sie:

Manchmal wird die Polizei Nachforschungen anstellen und die Maßnahmen ergreifen, die sie für richtig hält. Vielleicht werden Sie in ein psychiatrisches Krankenhaus gebracht, vielleicht auch nicht. Vielleicht läßt man Sie laufen, wenn Sie versprechen, keinen neuen Versuch zu machen. Man kann Sie unter Umständen aber auch noch strafrechtlich verfolgen, z. B. dann, wenn Ihr Selbsttötungsversuch noch jemand anderen in Gefahr gebracht hat.

Wenn Sie in ein Krankenhaus kommen durch Freunde, Familie oder die Polizei, werden Sie von Ärzten behandelt und danach vielleicht nach Hause geschickt. Manchmal aber wird man Sie aber auch in einem psychiatrischen Krankenhaus oder einer vergleichbaren Einrichtung unterbringen.

Wenn die Ärzte der Ansicht sind, Sie brauchten stationäre psychiatrische Behandlung und Sie nicht freiwillig gehen, wird man Sie aller Voraussicht nach in eine psychiatrische Klinik einweisen, auch gegen Ihren Willen. Wie schon erwähnt, könnten Sie also Ihre Freiheit zumindest vorübergehend einbüßen.

Immer wieder stoßen Sie auf das Wort »manchmal«, weil in der Praxis die Anwendung der einschlägigen Bestimmungen sehr unterschiedlich ist. Das hängt auch von den zuständigen Menschen ab – Psychologen, Psychiater, die Ärzte in der Unfallstation, Polizisten usw. – alle haben eine andere Meinung in bezug auf Menschen, die einen Suizidversuch gemacht haben. Einige, das muß ehrlicherweise gesagt werden, mögen diese Leute nicht, andere wiederum hätten ihnen Erfolg gewünscht, damit sie es hinter sich bringen. Einigen (und das sollte Ihnen nicht neu sein), ist es furchtbar gleichgültig, ob Sie leben oder sterben. Ich habe sogar sagen hören: »Früher oder später werden sie es doch wieder tun, warum also die ganze Aufregung!«

Meine Ansicht ist: Ein Suizidversuch ist ein riskantes Unternehmen, und das soll kein Witz sein.

Aber eine Sache ist sicher: Wenn Sie einen Selbsttötungsversuch machen und die zuständigen Behörden erfahren davon, werden sie irgend etwas unternehmen. Sie werden jede gesetzliche Maßnahme ergreifen, um eine Wiederholung zu verhindern. Daran ändern Ihre Gründe, warum Sie sterben wollten, nichts, auch wenn Sie sie für stichhaltig halten.

Ob richtig oder falsch, Sie sollten es auch von unserem Gesichtspunkt aus sehen. Wenn wir wirklich glauben, Sie gefährden sich selbst, können wir einfach nicht Ihr Wort akzeptieren, Sie würden es nicht noch einmal versuchen. Wir kennen Sie nicht, aber wir wissen doch, daß Sie ein leidender Mitmensch sind, der nicht länger leben will. Und wenn wir das wissen, werden wir nicht tatenlos zusehen.

Ich muß Sie auch darauf hinweisen, daß sogar Fachleute, was

geistige Gesundheit angeht, sich nicht einig sind, welche Maßnahmen suizidgefährdete Personen hindern könnten, ihre Drohung letztendlich doch wahr zu machen. Einige Experten glauben, jeder, solange er oder sie nicht offensichtlich geisteskrank ist, habe selbst die letzte Verantwortung für Leben oder Sterben. Wenn Sie also einem solchen Fachmann in die Hände fallen, zieht er vielleicht nicht alle Register, Sie ins Krankenhaus zu bringen. Vielleicht ist er Ihrer Ansicht, daß Sie ein Recht haben, zu sterben, wenn Sie wollen und daher die Verantwortung für Ihren eigenen Tod übernehmen müssen.

Aber die große Mehrheit der professionellen Helfer nimmt jeden Hinweis auf Selbstmord oder jede Drohung damit ernst, und wird alles Nötige tun, um Sie daran zu hindern. Wenn Sie Glück haben, geraten Sie an Professionelle, denen Ihr Wohl wirklich am Herzen liegt.

Und Sie sollten auch wissen, daß Ärzte, Berater, Krankenhäuser und psychiatrische Beratungsstellen immer wieder verklagt werden, weil sie in bezug auf selbstmordgefährdete Menschen Fehler gemacht haben. Wenn sie von einem Selbstmordgefährdeten wissen und nicht alle angemessenen Vorkehrungen treffen, einschließlich Einweisung in ein Krankenhaus, notfalls auch gegen den Willen der betreffenden Person, und diese bringt sich um, dann haben sie schnell einen Prozeß am Hals. Also gehen die meisten von uns konservativ vor, wenn es sich um einen wirklich selbstmordgefährdeten Menschen handelt und schließen ihn ein. Ob das immer »zu deren eigenem Besten« oder »unserem eigenen Besten« ist, kann ich nicht sagen, vielleicht ein bißchen von beidem.

Eine zwangsweise Unterbringung kann grundsätzlich nur befristet erfolgen. Aber wenn Sie weiterhin versuchen, sich zu töten, kann die betreffende Einrichtung bei dem zuständigen Gericht die Fortdauer der Unterbringung beantragen. Nichts bedrückt uns Professionelle mehr, als einen seinerzeit selbstmordgefährdeten Menschen zu entlassen und zu erfahren, daß er sich am nächsten Tag umgebracht hat.

Wir meinen, Ihnen eine Chance zu geben, Alternativen zu überdenken, Hilfe zu suchen und noch einmal zu überlegen, ob Sie wirklich sterben wollen. Wir wissen, die meisten Selbstmordpatienten erholen sich, die Krise geht vorbei und früher oder später möchten sie weiterleben. Aus dieser Kenntnis heraus kaufen wir ihnen ein bißchen Zeit – und zwar auf jede mögliche Weise, sogar wenn sie unsere Hilfe ablehnen. So einfach ist das.

Noch einige Bemerkungen in bezug auf das Recht zu sterben.

Im alten Griechenland konnten Menschen, die an Suizid dachten, vor dem Senat Argumente vorbringen, damit ihnen gestattet werden sollte, ihrem Leben ein Ende zu machen. Wenn sie das überzeugend vortrugen, durften sie Gift nehmen. Heute gibt es ein derartiges staatliches Genehmigungsverfahren nicht mehr.

Im großen und ganzen haben alle Religionen Selbsttötung als Sünde betrachtet, die meisten tun es heute noch. Unsere großen Religionen vertreten den Glauben, allein Gott, da er das Wunder des Lebens schenkte, könne es auch beenden. Und Sie, als eines seiner Kinder haben nicht das Recht, anzuhalten, was Gott begonnen hat.

Ein Suizid ist daher eine Sünde wider Gott.

Jahrhundertelang, solange Selbstmord als Sünde galt, konnte man nicht in geweihter Erde begraben werden, wenn man sich selbst tötete. Und an manchen Orten wurde früher der Leichnam eines Selbstmörders als schlechtes Beispiel öffentlich ausgestellt oder einfach in einen Graben geworfen, außerhalb der Stadt. In Deutschland war, vor Einführung des deutschen Strafgesetzbuches im Jahre 1871, die nachträgliche Bestrafung einer (versuchten) Selbsttötung keineswegs unbekannt.

Aber in anderen Kulturen wird der Suizid nicht als gesetzwidrig angesehen und unter gewissen Umständen sogar als ein ehrenhafter Weg, dieses Leben zu beenden. Am bekanntesten dafür sind die Japaner, in deren Kultur Selbsttötung als anständige Möglichkeit angesehen wird, diese Welt zu verlassen.

Und schließlich gibt es jene Menschen, die ihr eigenes Leben opfern, damit andere leben können: der Soldat, der sich auf eine Handgranate wirft, um seine Kameraden zu retten, der Pilot, der in seiner Maschine bleibt, damit sie nicht auf einen Schulhof stürzt und alle möglichen Menschen, die ihr Leben bewußt um anderer willen aufs Spiel setzen. Für mich sind das keine selbstmörderischen, sondern heldenhafte Taten.

Aber in unserem Kulturkreis werden Sie auch bei einleuchtenden Gründen schwerlich einen Verantwortlichen finden, der sagt: »Ja, Sie können Ihrem Leben ein Ende machen.«

Aber ich kann Ihre Gedanken erraten: »Was zum Teufel weiß er? Er weiß nicht, was ich fühle, nicht, was ich durchgemacht habe, und er kann nicht sagen, was für mich das Beste ist.«

Aber nun bin ich einmal hier. Alles, was Sie gerade gedacht haben, trifft zu. Ich kenne Sie nicht, ich kenne nicht Ihre Lebensumstände. Ich weiß nicht, was für Sie am besten ist.

Aber eine Sache weiß ich: Wenn Sie sich töten, dann ist diese Einbahn-Unterhaltung zu Ende und auch jede andere Unterhaltung in Ihrem Leben. Und wenn Sie tot sind, ist es unwichtig, ob Sie ein Recht hatten zu sterben oder nicht.

Also lassen Sie uns eine Übereinkunft treffen. Wir sind uns einig, Selbsttötung kann und muß sogar unter Umständen in unserem Land verhindert werden und wird nach wie vor sehr oft als Verstoß gegen jedwedes Gottesgebot und als gegen alles gerichtet angesehen, was Ihre Freunde und Ihre Familie glauben. Aber wir wissen beide, daß Sie sich dennoch töten können. Wenn Sie Ihrem Leben wirklich ein Ende machen wollen, können Sie das tun. Ich kann Sie nicht daran hindern, Ihre Freunde nicht, weder die Eltern noch die Polizei. Sogar wenn man Sie für einige Tage oder Wochen in ein Krankenhaus steckt, brauchen Sie nur aufzuhören, von Suizid zu reden und den Ärzten versprechen, keinen Versuch mehr zu unternehmen – man wird Sie entlassen, und Sie können sich dann auf der Stelle umbringen.

Wir beide sind uns also über eine Sache einig: Nur eine einzige Person kann entscheiden, ob Sie leben oder sterben werden. Und das bin nicht ich. Richtig?

Richtig.

4. Sind Sie völlig sicher?

Als ich einem Freund von diesem Buch erzählte, antwortete er: »Solange sie weiterlesen, sind sie wahrscheinlich noch nicht zum Letzten entschlossen.«

Und da ich noch Ihre Aufmerksamkeit habe, nehme ich an, daß auch Sie diese letzte Entscheidung noch nicht getroffen haben, eventuell sogar bereit sind, sie noch einmal zu überdenken. Von einer Person, die letzten Endes tatsächlich und ein für allemal den Entschluß gefaßt hatte, sich umzubringen, wurde gesagt: »Sie starb vor zehn Minuten.«

Ich hoffe, für Sie trifft in diesem Augenblick zu, daß Sie noch nicht sicher sind, ob Sie sich das Leben nehmen sollen. Und weil ich schon mit vielen hundert suizidgefährdeten Menschen gesprochen habe, vermute ich wohl richtig, daß Sie auch in dieser dunkelsten Stunde hin und her gerissen sind, ob Sie Ihr Leben beenden oder versuchen sollen, weiterzuleben. So sollte es auch sein, selbst wenn es Ihnen deswegen nicht viel besser geht, so bleiben doch die meisten Menschen, die eine Selbsttötung in Erwägung ziehen, bis zum letzten Augenblick unschlüssig. Ich erinnere mich an die Unterhaltung mit einer Frau, die von einer Brücke in einen reißenden Fluß gesprungen war und überlebt hatte. Sie trug ihren Regenmantel, weil sie nicht »naß werden wollte«, wie sie sagte.

Wenn ich eine andere Vermutung aussprechen darf darüber, was in Ihrem Kopf und Herzen vorgegangen ist, so die, daß Sie lange und schwierige Unterhaltungen mit sich selbst geführt haben, ob Sie leben oder sterben wollten. Psychologisch nennt man das Ambivalenz.

Das bedeutet einfach, um eine Entscheidung zu ringen, die positiven und negativen Aspekte zu prüfen und zu versuchen, auf das beste Ergebnis zu kommen. Es bedeutet, zwei gegensätzliche Gefühle gleichzeitig zu empfinden: Man möchte etwas tun und auch wieder nicht. Manchmal scheint es besser zu sterben und manchmal besser, am Leben zu bleiben. Sie wissen sicher, wie schwer es ist, eine solche Spannung auszuhalten. Es ist ein prekäres Abwägen von Leben und Sterben, das die ganze Kraft aufzehrt. Ambivalenz kommt und geht wie heftige Zahnschmerzen.

Ich will Sie nicht über die Psychologie der Ambivalenz belehren, oder was sie bedeutet. Aber Sie sollten wissen, daß diese Unsicherheit, ob man sich töten soll oder nicht, durchaus natürlich ist, auch wenn Sie meinen, sich selbst verrückt zu machen durch diese Selbstgespräche, die doch geradezu lebensnotwendig sind.

Mich beunruhigt am meisten die Vorstellung, daß Ihr Wunsch, weiterzuleben, auf einer Schale einer hochempfindlichen Waage liegt, und Ihr Wunsch zu sterben auf der anderen. Beide starken Gefühle sind in der Schwebe, und keiner von uns weiß, welcher Anlaß die Waagschalen in die eine oder andere Richtung bewegen könnte.

Es täte mir z. B. leid für Sie, wenn ein Brief, den Sie erwarten, heute nicht ankäme. Diese an sich unwichtige Enttäuschung könnte die Waage in negativer Hinsicht beeinflussen. Andererseits könnte Sie der Anruf eines lieben Menschen heute nacht erreichen, und alles sähe besser aus. Das ist das Unheimliche an dem prekären Balanceakt, den Sie durchmachen.

Ich glaube, fast jeder, der einmal an Selbsttötung gedacht hat, ist dadurch stärker geworden. Solche Menschen haben die Todesoption durchdacht, das Für und Wider abgewogen und beschlossen, so hart das Leben auch ist, dennoch wert sei, gelebt zu werden. Ein junger Mann sagte mir einmal: »Ich habe einmal an Selbsttötung gedacht, sogar schon die Pistole geladen. Aber dann merkte ich, daß ich zu feige war, abzudrücken.«

»Feige?« fragte ich.

»Ich glaube, ich hatte Angst, damals zu sterben«, sagte er. »Obgleich ich heute den Tod nicht fürchte. Schließlich habe ich ihm direkt ins Auge gesehen.«

Vielleicht können wir das Leben nicht richtig leben, ehe wir nicht dem Tod direkt ins Auge gesehen haben und dadurch stärker geworden sind. Vielleicht rücken wir erst näher an das Leben, wenn wir dem Tod nahe gekommen sind. Mir kommt es so vor.

Sie könnten Ihre ambivalente Haltung folgendermaßen betrachten: Weil keiner von uns je tot war, ist es einfacher, das Leben negativ zu sehen (das kennen wir ja) und den Tod positiv (den kennen wir nicht). Und nur wenn wir unserem eigenen Tod gegenüberstehen, verwirkt der Tod das Versprechen, besser zu sein.

Es gibt eine Geschichte von einem Mann, der in einen Fluß sprang, um sich zu töten, aber gerettet wurde. Als er in der Strömung trieb, warf ihm ein Polizeioffizier ein Seil zu, so daß er sich retten konnte. Der Mann weigerte sich, das Seil zu ergreifen. Darauf zog der Offizier die Pistole, zielte auf den Mann und drohte, ihn zu erschießen. Der Mann sah sich nun einem sicheren Tod gegenüber, erkannte die Endgültigkeit und ergriff das Seil.

Sie sollten auch wissen, daß auf jede Person, die entschlossen ist und keine Zweifel mehr hat, ihr Leben zu beenden, ein Dutzend anderer kommt, die wie Sie unsicher bleiben und zögern. Und säßen Sie jetzt in meinem Büro, hoffte ich, daß Sie zu den letzteren gehörten. Ich hoffte auch, wir beide hätten den Mut, dem Tod direkt ins Auge zu sehen, und könnten ohne Angst über ihn sprechen. Wenn wir dazu imstande wären, würde uns vielleicht bewußt, daß wir alle eines Tages sterben müssen. Wenn wir darüber sprechen könnten, lernten wir vielleicht, das Leben besser zu verstehen und die uns verbleibende Zeit besser zu nützen.

Mit dem Tod spielen – ein sehr gefährliches Spiel

Wenn wir leiden und uns nicht entschließen können, ob wir leben oder sterben sollen, flirten wir manchmal mit dem Tod. Wir spielen mit Selbstmord. Wir tun Dinge, die uns töten könnten, aber übernehmen nicht die volle Verantwortung. Wir sagen uns: »Wenn ich sterbe, soll es sein.« Oder: »Wenn ich überlebe, sollte es wohl noch nicht sein.« Man wirft eine Münze: Wappen = Leben, Zahl = Tod.

Ich erinnere mich an einen jungen Mann, der so schnell wie möglich auf einer kurvenreichen Bergstraße fuhr. Er war wütend und tief getroffen, daß seine Freundin ihn wegen eines anderen verlassen hatte. Tot wäre er besser daran, dachte er bei sich. Mit hoher Geschwindigkeit schleuderte er um die Kurven, und schließlich krachte es. Der Wagen hatte Totalschaden, aber er überlebte. Als ich Joe im Krankenhaus besuchte, sagte er, ja, er hätte sich wohl umbringen wollen.

»Wollten Sie sterben?« fragte ich.
»Ich weiß es nicht, aber ich glaube ja.«
»Möchten Sie jetzt noch sterben?«
»Natürlich nicht«, sagte Joe. »Es war dumm von mir. Meine Versicherungsbeiträge werden steigen.« Dann lachte er und sagte, er hätte nicht vergessen, den Sicherheitsgurt anzulegen, ehe er in die Berge fuhr, »... für alle Fälle.« Das ist Ambivalenz.

Ich habe zwar gesagt, man müsse nicht verrückt sein, um an Selbstmord zu denken, aber dieses Spiel mit dem Tod *ist* meiner Meinung nach verrückt. Es ist wie russisches Roulett: Man will dem Tod eine Chance geben, ähnlich dem, der eine Handvoll Schlaftabletten nimmt und nicht weiß, ob es genug sind, ihn umzubringen. Vielleicht wacht er wieder auf, vielleicht auch nicht. Schicksal!

Für mich sind das schreckliche Glücksspiele. Obwohl ich weiß, daß jemand am Leben verzweifeln kann, scheint mir die schlechteste Lösung, das einzige, das man hat, dem Zufall zu überlassen.

(In einem späteren Kapitel werde ich mehr darüber sagen, was nach einem fehlgeschlagenen Suizidversuch passieren kann.)

Daß man unschlüssig ist, ob man sterben will, kommt vor. Das ist für Menschen in einer selbstmörderischen Krise normal, und, bitte, denken Sie nicht, daß diese Unsicherheit in ein oder zwei Tagen einfach wieder verschwindet. Aber sie geht vorbei. Die meisten Menschen haben in diesen verzweifelten Stunden der Ambivalenz das Gefühl, die Zeit wäre stehengeblieben oder ginge kaum voran. Es ist, als ob die übrige Welt sich in einem normalen Tempo weiterbewege, man selbst aber fest gewurzelt sei. Und bis sich die Dinge zu verändern beginnen, vergessen Sie nicht, daß es allen in der gleichen Gemütsverfassung genauso ergeht. So ist es eben.

Sie sollten noch etwas anderes beachten: die selbstmörderische Logik. Wenn Sie sich wie in einer Falle eingeschlossen fühlen, blockiert von der Ambivalenz, zu leben oder zu sterben, glauben Sie vielleicht, Sie könnten klar denken. Wahrscheinlich können Sie es nicht. Wahrscheinlich sind Sie niedergeschlagen, und deprimierte Menschen denken oft nicht klar und logisch. (In einem späteren Kapitel werde ich mehr über Depressionen schreiben.)

Was halten Sie von diesem Gedanken: »Entweder bessern sich meine Lebensumstände, oder ich muß mich töten.«

Wenn Ihnen dieses Denkmodell vertraut vorkommt, dann fragen Sie sich: »Ist das die einzige Möglichkeit, die Lage zu verändern, nur A oder B?« Wenn Ihre Antwort ja ist, dann sind Sie in einer Art Einbahn-Logik gefangen, und die ist gefährlich.

Für einen Augenblick möchte ich mit Ihnen annehmen, daß sich Ihr Leben nicht bessert, die Lage auch weiterhin erbärmlich und hoffnungslos ist, und, falls Sie depressiv sind, Ihre Depression auch weiter anhalten wird, für immer. Option A: keine Hoffnung, daß Ihr Leben je besser werden wird.

Frage: Müssen Sie dann wirklich Option B ergreifen und sich umbringen?

Antwort: Nicht notwendigerweise.

Es gibt immer noch die Option C, d. h., Sie könnten z. B. so weiterleben wie bisher, sich depressiv und elend fühlen. Vielen Menschen geht es so.

Das Unlogische an dem selbstmörderischen Gedankengebäude ist, daß Sie sich selbst nur zwei Wege offengelassen haben, um Ihre Probleme zu lösen – hinauf oder hinunter, Leben oder Tod. Vielleicht ist Ihnen die Option C einfach nicht eingefallen.

Vergessen Sie nicht, der einzige Mensch, der sagt: »Wenn das Leben nicht besser wird, muß ich mich töten«, sind Sie.

Hier ist eine weitere gefährliche Falle selbstmörderischer Logik. Wir nennen es Mühlstein-Logik. Diese im Kopf stattfindende Unterhaltung verläuft folgendermaßen:

»Ich werde mich umbringen.«

»Warum?«

»Weil meine Probleme unlösbar sind.«

»Woher wissen Sie das?«

»Du lieber Himmel! Wenn meine Probleme zu lösen wären, würde ich dann daran denken, mich umzubringen?«

Diese Art Logik hat den gleichen Effekt, als ob man mit einem am Boden festgenagelten Schuh losraste: Je schneller man läuft, desto schwindliger wird einem. Man kommt nie auf die Idee, sich hinzusetzen, die Schuhe aufzubinden, sie auszuziehen und barfuß in eine andere Richtung zu gehen.

Manchmal ist es nötig, mit jemand zu reden, der nicht betroffen ist, um aus dieser Logik auszubrechen, mit jemand, der sich die Sache von außen betrachtet.

Ich weiß, solche Beispiele selbstmörderischer Logik nützen Ihnen nicht viel, aber um Ihre Lage oder Stimmung zu verbessern, sind fromme Sprüche am wenigsten hilfreich, wie z. B.: »Kopf hoch, Sie haben sehr viel, wofür es sich zu leben lohnt.« Also werde ich das nicht sagen.

Sie sollten jedoch wissen, daß Sie von einem Durchschnittsbürger, der von Ihren Selbstmordabsichten erfährt, nicht viel mehr als diese »Kopf hoch«-Botschaft erwarten können. Denn sie ist sein logisches Argument, mit dem er das Ihre parieren will. Das seine ist genauso schlicht wie das Ihre. Aber leider ist jede Art von Logik für jemand, der nicht einen Tag länger leben will, keinen Pfifferling wert.

Es gibt den alten Witz, in dem jemand einen deprimierten Menschen aufzuheitern versucht und zu ihm sagt: »Kopf hoch, es könnte schlimmer sein.« Der andere läßt sich aufheitern, und es wurde schlimmer.

Ich will Ihnen also nicht vormachen, es sei leicht, aus einer selbstmörderischen Krise herauszufinden. Der Konflikt, der Sie bedrückt, ist nicht so einfach aufzulösen. Vielleicht sind Sie endlich an einem Punkt angekommen, an dem Sie ernsthaft über Selbsttötung nachzudenken beginnen. Den Kampf, den Sie bis dahin durchgefochten haben, kann ich nicht beurteilen.

Enttäuschungen, Verluste haben sich angehäuft, und Sie sind vielleicht mit billigen Ratschlägen eingedeckt worden. Eine lebensgefährliche, weil selbstmörderische Krise baut sich langsam auf, und da kann nicht irgend jemand kommen und sagen: »Gewonnen, Ihre Krise ist vorüber.«

Andererseits sollten Sie auch wissen, daß keine Krise ewig dauert und daß es normal ist, unschlüssig zu sein, ob man wirklich sterben will, wenn die Dinge sich nicht ändern. Aber wenn Sie sich nicht vorher töten, *werden* sich die Dinge ändern – manchmal sogar zum Besseren.

5. Einen Schritt zurück, bitte!

Aus der Anlage des Buches ergibt sich, daß ich eine weitere Mutmaßung über Sie anstellen werde: Da Sie schon einmal an Selbsttötung gedacht haben, haben Sie sich sicher auch überlegt, wie Sie sich umbringen wollen. Gerät man erst einmal in diese Stimmung, beginnt man früher oder später zu bedenken, wie man es tatsächlich tun könnte. Der Suizid ist nicht nur die letzte Entscheidung, sondern auch das letzte zu planende Projekt.

Aber da ich nicht erraten kann, wie weit Sie in Ihren Überlegungen gekommen sind, werde ich einige fundierte Vermutungen aufstellen. Zunächst bitte ich Sie, folgender Anregung zu folgen – nicht meinetwegen, sondern Ihretwegen.

Ich möchte noch einmal unterstreichen: Es ist nicht einfach, ein menschliches Wesen zu töten. Selbst wenn Sie vorhaben, das Geschäft allein durchzuführen, müssen Sie sich überlegen, wie Sie es tun wollen. Bei uns sprechen wir von der Methode. Und wenn wir mit einer suizidgefährdeten Person arbeiten, pflegen wir zu fragen: »Auf welche Weise wollen Sie sich das Leben nehmen?«

Wenn die Person sagt: »Das weiß ich noch nicht«, schätzen wir die Gefahr geringer ein, als wenn sie sagt: »Mit einer 45er automatischen Pistole am Freitag nachmittag um 15 Uhr.«

Mit einem Wort: Je genauer der Plan, desto größer die Gefahr.

Da ich unmöglich wissen kann, was Sie sich ausgedacht haben oder wie weit Sie schon den zeitlichen Ablauf festgelegt haben, möchte ich Ihnen einen Vorschlag machen, der ein bißchen verschroben klingt. (Vielleicht haben Sie schon immer Psychologen für leicht verschroben gehalten, dann hätten Sie einen neuen Beweis.)

Ich möchte Sie nämlich bitten, für den Augenblick jedenfalls, einen Schritt von Ihrem Entschluß, sich zu töten, abzurücken. Das heißt nicht, Sie könnten nicht später weitermachen, aber jetzt, zumindest heute, treten Sie doch bitte einen winzigen Schritt vom Abgrund zurück. Sie können die zusammengesparten Tabletten in der Toilette hinunterspülen, die Pistole Ihrem Freund geben, die Rasierklingen wegwerfen und noch einmal versuchen, die Lage zu überdenken. Mit einem Wort, bringen Sie alles, was Sie eventuell brauchen könnten, um sich das Leben zu nehmen, außer Reichweite.

Der Grund dafür ist einfach: Jeder kann durch eine günstige Gelegenheit verführt werden. Und dies um so mehr, je verwirrter, unglücklicher oder wütender wir sind. Wenn wir also die nötigen Hilfsmittel außer Sichtweite bringen, schieben wir sozusagen ein wenig Zeit zwischen uns und unsere Absichten. Und aus einem Schritt Entfernung sehen die Dinge oft ganz anders aus. Oft geht das nicht, aber manchmal doch.

Aus Gesprächen mit vielen Menschen, die versucht haben, sich selbst zu töten, weiß ich, daß es oft sehr schwierig ist, die Eigendynamik eines Selbstmordplanes zu stoppen. Sie sagten, in der allerletzten Minute vor der Ausführung ihres Planes hätten sie gemeint, nur noch vorwärtsgehen zu können und den Versuch zu wagen. »Schließlich«, erklärte einer, »war ich jetzt so weit gegangen, daß ich nicht mehr umkehren konnte.«

Man sollte vielleicht auch einmal folgendes überlegen: Keiner von uns kommt lebendig aus dieser Welt heraus. Die Uhr läuft gegen uns alle. Also geht es nie darum, »ob« man sterben wird, sondern »wie« und »wann«.

Das klingt vielleicht hart, aber schließlich geht es ja um sehr ernste Angelegenheiten. Trotz aller Versuche kommt niemand um das Geschäft des Sterbens herum. Es stimmt nicht, wie der Schauspieler Woody Allen einmal scherzend sagte: »Ich habe keine Angst zu sterben... ich möchte bloß nicht dabeisein, wenn es soweit ist.« Nein. Sterben ist der einzige Termin, den keiner ausfallen lassen kann.

Viele Menschen, die an Selbsttötung denken, sind der Ansicht, wenn sie auch sonst nichts in ihrem Leben steuern können, daß sie doch wenigstens entscheiden wollen, wie und wann sie sterben. Dieses Gefühl, Herr der Lage zu sein und das eigene Schicksal in die Hand nehmen zu können, ist angenehm und so wichtig für uns, daß viele Menschen, die sich töten, den Eindruck haben, endlich zu beweisen, daß sie wenigstens das fertigbringen.

Aber gefährlich daran ist, daß Suizidpläne, einmal in Gang gesetzt, eine eigene Schubkraft entwickeln, die der Betreffende nicht mehr anhalten kann. Selbsttötung kann durchaus eine letzte Ausübung persönlicher Macht sein. Aber sie sollte nie zu einem Muß werden.

Eine junge Mutter wollte sich am Todestag ihres Kindes das Leben nehmen. Ihre Teenager-Tochter war vor einem Jahr an Krebs gestorben. Der Ehemann hatte sie verlassen, und sie fühlte sich elend und unglücklich und wollte sterben. Der Gedanke hatte sich in ihr festgesetzt, es wäre passend und richtig, am gleichen Tag wie ihre Tochter zu sterben. Doch als dieser Tag näher rückte, ihr Leben sich aber zum Besseren gewendet hatte, fühlte sie sich immer weniger geneigt zu sterben.

»Aber ich habe mir selbst versprochen, ich würde es am 14. tun«, sagte sie, »und versprochen ist versprochen.«

Glücklicherweise gehörte sie nicht zu denen, die so eisern an ihren Versprechen festhalten, daß sie auch nicht ein einziges Mal eine Ausnahme machen können.

An dieser Geschichte ist noch etwas wichtig. In ihren Plänen, ihrem Leben ein Ende zu machen, hatte sie ihrer toten Tochter versprochen, am 14. zu ihr zu kommen. Als wir in unseren Gesprächen an diesen Punkt kamen, ergab sich, daß die Tochter nie von der Mutter verlangt hätte zu sterben. Als sie von dieser Last befreit war, konnte die Frau nun eine andere Art von Versprechen eingehen.

Bitte verstehen Sie, daß ich Ihnen nicht suggerieren will, Ihre Pläne, sterben zu wollen und wie das durchzuführen wäre, aufzugeben. Das wäre töricht von mir. Ich kann Ihre Gedanken nicht kontrollieren, keiner kann das. Ich bitte Sie lediglich um eine Atempause und ein wenig Zeit, sich die Dinge durch den Kopf gehen zu lassen.

Wenn Sie dieses Buch weiterlesen, finden Sie vielleicht etwas, das Ihnen helfen könnte, Ihren Entschluß zu ändern. Oder in den nächsten Stunden, Tagen oder Wochen kann etwas Unerwartetes passieren, das Ihnen wieder Mut zum Leben gibt. Also, um Ihretwillen, treten Sie bitte einen Schritt zurück.

6. Der Käfer in der Tasse

Da wir nun etwas mehr Zeit miteinander haben, möchte ich in den nächsten Kapiteln einige Untersuchungen mit Ihnen durchführen. Bitte stellen Sie sich vor, Sie hätten sich in den letzten Wochen und Monaten wie ein Käfer in einer Tasse gefangen gefühlt. Wie Sie in diese Falle geraten sind, weiß ich nicht. Wie Sie wieder herauskommen, wird wahrscheinlich davon abhängen, was Sie selbst unternehmen oder wie Ihnen jemand dabei hilft. Und vielleicht kann ich Ihnen ja ein bißchen helfen.

Das Bild von einem Käfer in der Tasse stammt nicht von mir, ich habe es von einem anderen Psychologen übernommen, der es in seinen Vorlesungen benutzte, um ein Problem zu illustrieren, vor dem wir alle von Zeit zu Zeit stehen: Haben wir uns erst einmal festgezurrt an einem Problem, sind unsere Lösungsmöglichkeiten auf das beschränkt, was wir sehen. Wir sind in unserer Tasse herumgelaufen, immer wieder, und da wir keinen Ausweg sahen, ließen wir alle Hoffnung fahren und glaubten uns für immer gefangen. Wir klettern hoch, aber rutschen zurück, alle Versuche mißlingen. Sind wir schließlich überzeugt, daß ein Entkommen unmöglich ist, werden wir depressiv, hilflos, hoffnungslos und manchmal scheint der Tod der einzige Ausweg.

Menschen mögen größer und angeblich etwas gewitzter sein als Käfer, aber ich möchte nicht beschwören, ob sie bei dem Geschäft, sich aus einer Tasse herauszuhieven, besser abschneiden. Sind wir erst einmal in einen Problemstrudel hineingeraten, bin ich nicht sicher, ob wir allein in der Lage sind, uns gedanklich wieder herauszumanövrieren.

In der Morgenzeitung las ich von einem Farmer, der sich getötet hat. Er hinterließ Frau und Familie. Sein Leben lang war er erfolgreich gewesen, aber nun mit fallenden Preisen für Vieh und Weizen stand er vor einem Schuldenberg, den er nicht abtragen konnte. Er hatte die Farm von seinem Vater geerbt und wohl das Gefühl, mit dem Hof alles zu verlieren. Und so nahm er sich das Leben, obgleich er noch jung und gesund war.

Diese Geschichte erinnerte mich an den Käfer in der Tasse. Dieser Mann befand sich in einer Lage, aus der er kein Entkommen sah. Und beim wiederholten Lesen wurde mir klar, er hatte weder mit seiner Frau noch seinen Freunden über seine Probleme gesprochen. Alle waren geschockt von seinem Selbstmord, daher, mußte ich folgern, hatte er seinen Lieben *nie* gesagt, wie gefangen er sich fühlte. Er hatte sich also umgebracht, ohne sich nach anderen Lösungen umzusehen, nach Möglichkeiten, aus der Tasse herauszukommen. Mit einem Wort: Er hatte »die Probleme für sich behalten« und starb, ohne seine Ehre beschmutzt zu haben.

Wie ich halten Sie es sicher auch für eine Tragödie, wenn ein Mann sich umbringt, weil er seine Schulden nicht bezahlen konnte. Vielleicht hätten Sie an seiner Stelle die Farm verkauft und ein Geschäft aufgemacht. Wären nach Kalifornien gezogen und Künstler geworden. Noch einmal zur Schule gegangen und Ingenieur geworden. Wir können nur vermuten, was er in den noch vor ihm liegenden Jahren hätte tun können.

Aber über eines bin ich mir sicher: Solange wir nur auf uns allein gestellt ein Problem lösen wollen, sind unsere Möglichkeiten beschränkt.

Stellen Sie sich bitte mit mir einen Flug zu einem entfernten Planeten vor. Er ist für den nächsten Dienstag gebucht. Wir haben drei Tage zum Packen. Nahrung und Getränke werden gestellt, und jeder darf nur zehn Dinge mitnehmen. Wir werden die Erde für ein Jahr verlassen. Was wäre unser nächster Schritt?

Sollten wir z. B. nach Hause gehen und die zehn Dinge aufschreiben, die wir auf einen solchen Flug mitnehmen möchten, und sie dann einpacken? Oder sollten wir uns zunächst zusammensetzen und gemeinsam überlegen, welche *zwanzig* Dinge wir *gemeinsam* mitnehmen sollten?

Für jeden, der schon einmal ein solches Spiel mitgemacht hat, liegt die Antwort auf der Hand. Niemand will doch wohl zu einer solchen Reise aufbrechen mit zwei Gitarren, zwei Fernsehapparaten und den gleichen Büchern. Wenn wir zusammenarbeiten, käme eine bessere Liste heraus, die sich nicht überschneidet und jedem erlaubte, mehr Dinge, die er gerne bei sich hätte, mitzunehmen.

Damit will ich nur sagen: Wenn Sie denken, Sie müßten allein alle Probleme lösen, dann sollten Sie schon besonders gewitzt sein.

Meiner Erfahrung nach sind die Leute (mich eingeschlossen) bei weitem nicht so schlau, wie sie denken. Wir meinen, weil unsere Augen, Ohren und Verstand funktionieren, müßten wir in allen, auch uns unbekannten Lebenslagen genau wissen, was wir zu tun haben. Aber das stimmt einfach nicht. Wir sind alle wie Käfer in einer Tasse – wir können uns im Inneren unserer Tasse umschauen, aber nicht über den Rand hinweg. Wir sehen nicht, was außerhalb liegt. Und da wir nichts sehen, können wir uns auch nicht vorstellen, was wir tun würden.

Und dann ist da noch die Frage der Information. Sicher versuchen wir die bestmögliche Entscheidung zu treffen – mit der Information, die wir in dem Augenblick haben. Ich bezweifle z. B. nicht, daß der Entschluß, sich selbst zu töten, die *best*mögliche Entscheidung ist für den, der sich dazu entschlossen hat. Sie haben alles durchdacht, abgewogen und die erreichbaren Daten in den Computer in ihrem Kopf eingegeben. Die Antwort lautet: Selbsttötung.

Aber einen Augenblick bitte. Hatten sie alle erreichbaren Informationen für diese Entscheidung? Wußten sie z. B., daß die Depression, die sie gerade durchmachen, wahrscheinlich vorübergehen wird? Wußten sie, daß in nächster Zeit durchaus jemand kommen könnte, der sie liebt und sich um sie kümmert? Wußten sie, daß innerhalb weniger Tage die Dinge sich zum Besseren verändern können und ihr Konzept dementsprechend geändert werden sollte? Oder gingen sie wie in unserem Weltraum-Beispiel einfach nach Hause und packten zehn Dinge ein?

Ich will nicht behaupten, Suizid sei immer eine törichte Entscheidung. Wir sollten uns nur vor dem Entschluß, uns umzubringen, ein bißchen Zeit geben, um vielleicht etwas in Erfahrung zu bringen, was wir vorher nicht wußten, das unsere Ansicht ändern, vielleicht sogar einen Blick über den Tassenrand vermitteln könnte.

In den nächsten Kapiteln werde ich Ihnen Informationen geben, die Sie vielleicht nicht haben und die die Sachlage ändern könnten. Darauf könnte ich sogar wetten.

7. Einsamkeit

Ich wüßte gerne, wie alt Sie sind, dann könnte ich besser mit Ihnen über das sprechen, was Sie durchmachen. So muß ich mich auf jedes Alter einstellen. Wenn überhaupt werde ich annehmen, Sie seien jünger als ich.

Ich bin fast fünfzig, also weiß ich doch ein bißchen, wie es ist, ein Junge zu sein, ein Teenager, ein Student, ein Soldat, jung verheiratet, Vater und auch ein Mann mittleren Alters. Aber weil ich in der Mitte des Lebens stehe, kann ich noch nicht wissen, wie man sich fühlt, wenn man sechzig, siebzig oder achtzig ist und dem Ende des Lebens näher.

Wenn Sie viel jünger sind als ich, denken Sie vielleicht: »Was kann mir dieser alte Mann schon von Einsamkeit erzählen?«

Oder wenn Sie alt sind: »Was kann mir dieser Bursche sagen, was ich nicht schon weiß?«

Wenn Sie eine Frau sind, könnten Sie fragen: »Wie kann ein Mann beurteilen, was Einsamkeit für mich bedeutet?«

Auf alle diese Fragen habe ich eine einfache Antwort: »Ich kann Ihre Einsamkeit nicht kennen und werde auch nicht so tun als ob.«

Aber da ich allein in diese Welt kam, wie Sie, und sie auch allein wieder verlassen werde, wie Sie, und weil ich weiß, daß wir alle schon einmal Einsamkeit erfahren haben, denke ich, wir könnten dieses Wissen teilen. Wenn Sie richtig darüber nachdenken, ist Einsamkeit eine allgemein menschliche Erfahrung, die wir alle notwendigerweise durchmachen müssen und die uns daher helfen kann, einander besser zu verstehen.

Wir alle sind eingebunden in unsere Biographie. Wir sind abhängig von Alter, Generation, Rasse und Geschlecht. Ob wir wollen oder nicht, sind wir doch alle Gefangene unserer Zeit, des Ortes und Zufalles der Geburt. Insofern sind wir alle beschränkt und auf uns allein gestellt, was Lebenserfahrung betrifft. Unser Ausblick ist begrenzt, unser Verständnis anderer unvollkommen. Von daher sind wir alle blind und stolpern voran, ohne je zu wissen, wie es anderen ergeht. So ist die allgemeine Lage.

Ich werde nie wissen, wie es ist, arm und schwarz zu sein, in einem Reservat aufzuwachsen und wegen der Hautfarbe verspottet zu werden. Ich kann nicht wissen, wie es ist, reich geboren zu werden und im Luxus zu leben. Aber das bedeutet nicht, daß ich nicht versuchen kann, Menschen in einer solchen Situation zu verstehen, sie zu schätzen oder mit ihnen zu fühlen, wenn es um Lebensprobleme geht.

Ich möchte Sie also folgendes fragen: Gibt es irgendwo irgend jemand, der genau die gleichen Erfahrungen gemacht hat wie Sie? Gibt es irgendwo irgend jemand, der wirklich Ihren Schmerz so empfinden kann wie Sie?

Ich glaube, Ihre Antwort muß lauten: Nein. Wir kennen uns selbst am besten, die uns Nahestehenden einigermaßen, Fremde überhaupt nicht. Aber trotz dieser Einschränkungen bemühen wir uns doch, den anderen zu verstehen, und, soweit wir das können, uns selbst verständlich zu machen.

Deswegen sollten wir über Einsamkeit reden. In gewisser Weise verbindet sie uns. Jeder hat Gedanken und Gefühle, die er sein ganzes Leben für sich behalten hat. Jeder von uns hat private Hoffnungen, Ängste und Träume, die wir selbst unseren Nächsten gegenüber leugnen würden. Also lassen Sie uns über Einsamkeit reden.

Einsamkeit ist mörderisch. In ihrer schlimmsten Form ist sie unser Feind Nummer eins. Sie haben sie erfahren, ich habe sie erfahren, jeder, der innehält, um über den Sinn seines Lebens nachzudenken, kennt sie. Es ist das schreckliche Gefühl, daß nicht ein einziger Mensch auf der Welt sich die Mühe machen würde, unser Alleinsein durch seine Gegenwart zu beenden. Dieses Gefühl schmerzt mehr als alles andere, keiner braucht uns, niemand ist wirklich daran interessiert, ob es uns gibt oder nicht.

Ich will Ihnen nichts vormachen, Einsamkeit ist der sicherste Ort, Gedanken an Selbsttötung aufkeimen zu lassen. Aus der Einsamkeit heraus beginnen sich Menschen zu fragen, ob nicht der Tod besser sein könnte als das Leben. »Wenn ich tot wäre, könnte ich nie mehr allein sein, warum also nicht sterben?« Das ist die schreckliche Logik des Suizids, und sie wird in der Einsamkeit geboren und ausgebrütet.

Ist man einsam und blickt um sich, hat man den Eindruck, daß andere nicht einsam zu sein scheinen. Und es ist diese Diskrepanz zu dem, was andere offensichtlich haben und man selbst nicht, die Einsamkeit so schrecklich macht.

Da ich das Ausmaß Ihres Alleinseins nicht kennen kann, finde ich vielleicht nicht die Worte, die Ihre Einsamkeit mildern könnten. Aber vielleicht hilft es Ihnen doch, wenn ich Ihnen sage, wie ich Einsamkeit einschätze und wie Sie dagegen angehen könnten.

Alleinsein gegen Einsamkeit

Zunächst möchte ich auf einige Unklarheiten in bezug auf Einsamkeit hinweisen. Allein zu sein bedeutet nicht notwendigerweise einsam zu sein. Man kann ganz allein auf einem Berggipfel stehen und doch nicht einsam sein. Man kann in einer großen Stadt leben, umgeben von Tausenden von Menschen und doch vor Einsamkeit sterben. Man kann in einer Familie leben und Tag und Nacht mit Menschen zusammen sein und doch im Herzen einsam bleiben. Daher geht es nicht darum, wo Sie sich befinden, sondern wie Sie zu den Menschen in Ihrer Umgebung stehen, wie Sie mit ihnen reden können, wie sie Ihnen zuhören und was sie von Ihnen wissen. Das macht den Unterschied aus, ob Sie allein oder einsam sind.

Viele Menschen, mit denen ich gearbeitet habe, halten es nicht aus, allein zu sein. Für sie ist Alleinsein gleich Einsamkeit. Sie haben mir gesagt, allein fühlten sie sich leer und hohl und unvollständig, als ob die Gegenwart anderer ihnen eine Bedeutung gäbe, die sie sonst nicht haben. Sie tun verzweifelte Schritte, nur um Gesellschaft zu haben. »Jeden Abend gehe ich in Bars«, sagte mir eine junge Frau, »weil ich es nicht aushalten kann, allein zu Hause zu sein.«

Ich fragte sie: »Fühlen Sie sich so unwohl in Ihrer Gesellschaft?«

Die Frau starrte mich an: »So habe ich es noch nicht betrachtet«, antwortete sie, »wahrscheinlich ist es so.«

Als wir weitersprachen, stellte sich heraus, daß sie sich nie interessant, lustig oder intelligent gefunden hatte. Sie hielt nicht viel von sich und glaubte, niemand würde ihre Gesellschaft suchen außer wegen Sex. Kurz, sie mochte sich selbst nicht leiden. Und wenn sie also allein war, fühlte sie sich in ihrer Gesellschaft nicht wohl. Und später erklärte sie sogar lachend, es sei doch besser, wegen Sex gebraucht zu werden, als überhaupt nicht.

Aber das ist natürlich ein Teufelskreis. Es lag ihr nichts an Gelegenheitssex, aber weil sie nicht allein sein wollte, opferte sie ihre Selbstachtung und verlor sie letzten Endes noch mehr, denn, wie sie es nannte: »Nur ein Primitivling würde das tun, was ich getan habe.«

Einsamkeit rührt also oft daher, daß wir uns selbst nicht leiden können. Ich wünschte, ich könnte Ihnen helfen, sich selbst zu mögen. Aber andere können das durchaus, und Sie können sich auch selbst helfen, denn nur wenn Sie beginnen, sich anzunehmen, können Sie gegen die Einsamkeit angehen.

Einsamen Menschen habe ich immer empfohlen, einige Zeit allein zu verbringen. Das klingt vielleicht verrückt, aber hören Sie sich den Fall eines Diskjockeys an.

Ted war ein beliebter Rundfunk-Diskjockey, seine Stimme kam stets glücklich und freundlich über den Äther. Er hatte Fans, wurde gut bezahlt und hatte eine Freundin. Äußerlich gesehen, schien er ein wundervolles Leben zu führen. Aber er kam zu mir, um zu sagen: »Ich muß verrückt sein.«

»Warum sind Sie verrückt?« fragte ich.

»Weil ich schrecklich einsam bin, obgleich das Gegenteil der Fall zu sein scheint. Ich halte es nicht aus, wenn nicht Menschen um mich sind. Ich brauche sie wie die Luft zum Atmen. Wenn ich nur ein paar Minuten allein bin, gerate ich in Panik und glaube zu ersticken. Meine Freundin und ich möchten heiraten, aber ich fühle, daß ich noch nicht soweit bin. Ich brauche sie zu sehr, und wenn wir heiraten, habe ich das Gefühl, nie mehr ohne sie sein zu können. Und das ist unfair.«

Als ich Ted besser kennenlernte, merkte ich, daß er innerlich leer war. Ohne Fans und Freunde, die ihm versicherten, wie klug, intelligent und unterhaltsam er sei, fühlte er sich leer und allein. Er war nie mit sich allein gewesen, hatte sich nie selbst kennen- und akzeptieren gelernt, sondern glaubte, Menschen um sich zu brauchen, um nicht vor Einsamkeit sterben zu müssen.

Sicher hielt er meinen Vorschlag für verrückt, in den gegenüberliegenden Park zu gehen, sich dort eine Stunde lang hinzusetzen und mit niemand, außer mit sich selbst zu reden. Als wir uns das nächste

Mal trafen, lachte er und sagte, es sei ihm nicht gelungen. »Haben Sie schon einmal versucht, sich mit einer lahmen Ente zu unterhalten?« fügte er hinzu. »Das war die längste Stunde, die ich durchmachte, direkt peinlich. Enten lachen auch nicht über Witze.«

Aber der Erfolg war gut. Er merkte allmählich, daß er auch leben konnte, ohne ständig Menschen um sich zu haben. Er lernte, durchzuatmen, nachzudenken und sich mit den eigenen Gedanken und Gefühlen anzufreunden. Er bekam die Sicherheit, allein auskommen zu können und sich nicht mehr vor dem Alleinsein zu fürchten.

Gegen Ende unserer Sitzungen fragte ich Ted, ob er etwas völlig Neues versuchen könnte, was er noch nie zuvor getan hatte, was ihm die Kraft geben könnte, allein zu leben, wenn das eines Tages nötig wäre. Schon der Gedanke daran ängstigte ihn.

»Was schlagen Sie vor?« fragte er.

»Was schlagen Sie vor?« fragte ich zurück.

Ted überlegte einen Augenblick. »Ich wollte immer einmal eine Wildwasserkanufahrt machen. Vielleicht wäre das etwas.«

»Allein?«

»Gibt es eine andere Möglichkeit?«

»Ich fürchte nicht«, sagte ich.

Also mietete sich Ted ein Kanu und befuhr allein ein Wildwasser, drei Tage lang. Als er zurückkam, strahlte er. Er hatte das Alleinsein überlebt und war nicht einsam gewesen. Wir beendeten unsere Sitzungen, und einen Monat später war Ted verheiratet und hatte einen neuen Job in einer anderen Stadt.

Teds Geschichte ist einfach: Nicht das Alleinsein ist der Feind, sondern die Angst vor dem Alleinsein. Ich möchte nicht, daß das zu einfach klingt, aber wir müssen alle einen Weg finden, das Alleinsein nicht nur zu ertragen, sondern zu genießen und daran zu wachsen.

Selbstgemachte Einsamkeit

Man hat mir gesagt, Einsamkeit schaffe man sich selbst. Irgendwie kommen wir zu der falschen Ansicht, die anderen Menschen seien es uns schuldig, daß wir nicht unter Einsamkeit leiden. Sie müßten kommen, um sich nach unseren Gedanken und Gefühlen zu erkundigen. Damit sollte man jedoch nicht rechnen, im Gegenteil. Man wird uns eher meiden, wenn wir traurig und niedergeschlagen sind.

Haben Sie sich schon einmal sagen hören: »Niemand kümmert sich um mich.« Ich habe es gesagt, und sicher hat schon jeder einmal diese Feststellung getroffen, die mit anderen Worten bedeutet: Ich bin einsam.

Für mich ist die Überzeugung, niemand nehme an mir Anteil und *werde es auch in Zukunft nie tun*, gleichbedeutend mit einem selbst auferlegten Todesurteil. Wenn wir das wirklich glauben, welche Hoffnung gäbe es dann noch, die Einsamkeit zu besiegen? Keine.

Aber lassen Sie uns diese Überzeugung etwas genauer untersuchen.

Woher stammt sie? Weil etwa niemand kam, um uns zu trösten, als wir uns einsam fühlten? Waren unsere Eltern zu beschäftigt, und hatten unsere sogenannten Freunde zu sehr mit sich selbst zu tun? Wahrscheinlich. Aber gilt das für immer? Oder müssen wir unsere Lieblingstheorie unbedingt beweisen, eine Hypothese, die besagt: »Ich bin allen gleichgültig, daher bin ich einsam, und niemand tut etwas dagegen.«

Diese Behauptung könnten wir testen. Lassen Sie uns einen Augenblick annehmen, Sie seien nicht die einsamste Person auf der Welt, und Sie entschließen sich, die allereinsamste ausfindig zu machen. Wie würden Sie das anstellen?

Da gibt es nur einen Weg. Sie müssen sich auf die Suche begeben. Sie könnten das tun, indem Sie z. B. jemand fragen, ob er oder sie einen schönen Tag gehabt hat oder ob ihnen dieser oder jener Film gefallen habe oder einfach irgend etwas fragen, was Ihnen gerade durch den Kopf geht. Da Sie schon wissen, daß Sie der zweiteinsamste Mensch auf dieser Welt sind, lohnt es sich nicht, ihnen das zu erzählen, sondern lieber herauszufinden, wie es ihnen geht. Sie könnten sie über Gefühle, Gedanken, Hoffnungen und Ängste befragen.

Was würde dann geschehen?

Zunächst würden Sie sehr schnell auf der Einsamkeitsskala auf Nummer drei oder vier zurückfallen, wären schließlich gar nicht mehr darauf vertreten.

Ich weiß, das klingt einfältig. Aber kennen Sie einen besseren Weg? Ich nicht. Wenn Sie jedoch darauf warten, daß die Welt zu Ihnen kommt, um Ihre Einsamkeit zu beenden, können Sie lange warten.

Einsame Menschen haben mir gesagt: »Aber das ist schwerer, als man denkt. Ich kann nicht einfach zu einem Fremden hingehen und ein Gespräch anfangen.«

Ich antwortete: »Warum nicht?«

»Weil ich ihnen nichts zu sagen habe.«

»Gut«, entgegnete ich. »Sie sollen ja auch nichts über sich selbst erzählen. Sie wissen ja schon, daß Sie der zweiteinsamste Mensch auf der Welt sind und sowieso nicht viel Aussichten haben. Es geht darum, die anderen über sich selbst zum Reden zu bringen.«

Ich habe diesen Vorschlag schon oft und vielen Menschen gemacht, und eigentlich ist es nie schiefgegangen. Denn wenn einsame Menschen nur diesen kleinen Schritt tun, lernen sie dabei etwas, was sie noch nicht wußten. Jeder Mensch ist zu einem gewissen Grade einsam. Aber es gibt eine Sache auf dieser Welt, die wir alle gerne tun: über uns selbst sprechen. Wenn wir auch nur die kleinste Gelegenheit dazu bekommen, dann reden, reden und reden wir über uns selbst. Der Trick dabei ist, einen Zuhörer zu finden.

Wenn uns jemand in eine solche Unterhaltung verwickelt, geschehen meistens zwei Dinge. Einmal: Die Person, die uns ermutigt, über uns zu reden, wird uns allmählich sympathisch. Und schließlich: Wir möchten unsererseits mehr über sie erfahren und beginnen, auch Fragen zu stellen.

Schneller als man denkt, entwickelt sich ein freundschaftliches Verhältnis. Und wenn Einsamkeit der Feind Nr. 1 ist, dann ist Freundschaft der F.B.I.

Das ist nichts Neues. Aufgeweckte Leute wissen schon seit Urzeiten, daß man Freunde gewinnt, wenn man versteht, sie zum Sprechen über sich selbst zu veranlassen. Man hält sich selbst zurück und verkneift sich, was man am liebsten täte (über sich selbst zu erzählen), sondern hört zu und erfährt viel über einen anderen Menschen. Es ist wirklich so einfach, wie es klingt.

Wenn Sie also einsam sind und ein Experiment machen wollen, dann versuchen Sie noch heute, diese Idee auf die Probe zu stellen. Dazu eignet sich jede beliebige Person – Ihr Nachbar im Bus, das Mädchen am Tisch gegenüber, der Hausmeister, der gerade die Halle bohnert. Sie stellen einfach ein paar Fragen. »Wie geht's?« oder »Gestern war es ganz schön heiß, nicht wahr?« irgend etwas, was eine Unterhaltung in Gang bringt.

Versuchen Sie, mindestens drei Dinge über diese Person zu erfahren: Namen, Herkunft, Beruf oder womit sie sich beschäftigt. Von dieser Basis aus kann man beurteilen, ob Gemeinsamkeiten bestehen, ob sogar eine nähere Bekanntschaft möglich ist.

Und das Problem, jemand zu finden, der uns zuhört, der unsere Einsamkeit durchbricht, wird sich lösen. Denn siehe da, die angesprochene Person wird bald auch Näheres über uns erfahren wollen. Daran kommen sie einfach nicht vorbei, es sei denn, sie sind so auf sich selbst fixiert, daß ihnen alles andere gleichgültig ist, und dann würde es sich sowieso nicht lohnen, sie kennenzulernen.

Der Schlüssel, die Sache in Gang zu bringen, liegt darin, nicht von uns zu sprechen, es sei denn, man wird gefragt. Später, wenn eine Beziehung etabliert ist, brauchen wir uns nicht mehr zurückzuhalten und können offener über uns sprechen. Im wesentlichen ist es dasselbe, was Psychologen und Psychiater und Berater wie ich die ganze Zeit tun, und deswegen mögen uns die Menschen im allgemeinen. Gute Zuhörer sind offensichtlich beliebt.

Natürlich kann es passieren, daß manche Leute einen für verrückt halten, wenn man eine solche Unterhaltung beginnt, aber das ist dann deren Problem. Nach meiner Erfahrung und der einsamer Menschen, mit denen ich gearbeitet habe, ist die Angst, zurückgewiesen zu werden, nichts weiter als Angst. Und wenn wir uns von unseren Ängsten einschränken lassen, dann bleiben wir Gefangene unserer Einsamkeit, und es wird sich nie etwas ändern.

Sie sollten sich also selbst die Frage stellen: Habe ich irgendwie an meiner eigenen Einsamkeit mitgewirkt? Habe ich mich wie jemand verhalten, der von vornherein nur die Gleichgültigkeit der Menschen beweisen wollte und, trotz der Tatsache, daß fünf Milliarden Menschen auf diesem Planeten leben, so getan, als ob keiner von ihnen je mein Freund werden könnte?

Wenn Sie das nämlich getan haben, haben Sie selbst den Fall konstruiert, daß der Tod und nicht das Leben gewählt wird. Und ehe Sie nicht (und ich meine *Sie* allein) den ersten Schritt heraus und weg von der Einsamkeit tun, wird sich die Lage wahrscheinlich nicht bessern.

Soll ich erraten, was Sie jetzt denken: »Ja, und wenn ich es versuche, werde ich wieder verletzt werden. Ich werde mich jemand nähern, und man wird mich nicht mögen. Es wird nicht klappen.«

Natürlich könnten Sie recht behalten. Es könnte nicht klappen. Sie könnten von neuem gekränkt werden. Und dann hätten Sie noch mehr Beweise für die innere Gleichgültigkeit der Menschen und dafür, daß Sie nie aus der Tasse herauskommen werden.

Aber ich frage Sie: Wo steht geschrieben, daß Sie gegen Einsamkeit gefeit sind, wer hat Ihnen garantiert, daß Sie aus einer menschlichen Beziehung immer als Gewinner hervorgehen? Es tut mir leid, mein Freund, aber es gibt keine Garantien, daß das Leben nicht Wunden schlagen kann und auch wir verletzt werden.

Welche Alternativen haben wir also? Können wir uns einfach zurücklehnen und warten, daß jemand einbricht in unsere Einsamkeit? Oder sollten wir nicht diesen ersten kleinen Schritt tun? Zugegeben, es ist ein Spiel. Aber wenn wir nicht unsere Chips einlösen und ganz aussteigen wollen, müssen wir das Risiko eingehen.

Und vergessen Sie nicht, unter den fünf Milliarden Menschen auf Gottes Erdboden ist bestimmt jemand wie Sie, der das gleiche Risiko auf sich nehmen will, vielleicht gerade jetzt. Es mögen sogar drei oder vier, sogar ein Dutzend sein, die in diesem Augenblick das Spiel riskieren wollen. Wenn Sie sich zufällig treffen sollten, können Sie sich später streiten, wer der einsamste war.

8. Gute Nachrichten für Depressive

Was halten Sie davon, wenn ich Ihnen sagte, gleichgültig, wie elend Sie sich auch heute fühlen mögen: Ihre Depression wird vorbeigehen, und früher oder später wird sie nur noch eine schlechte Erinnerung sein.

Die gute Nachricht lautet nämlich, daß eine Depression, außer in seltenen Fällen, vorübergeht. Unter dieser gewissermaßen alltäglichsten Form seelischer Probleme leiden allein in Amerika heute vier bis acht Millionen Menschen. Und genau wie der gewöhnliche Schnupfen, so unangenehm er auch sein kann, nehmen auch die meisten Depressionen ihren Verlauf, und die Betroffenen können ihr normales Leben wieder aufnehmen.

Nehmen Sie sich einmal ein bißchen Zeit, um Ihr Leben zu überdenken, und Sie werden feststellen, daß Sie auch früher traurig und deprimiert gewesen sind und darüber hinwegkamen. Vielleicht mehr als einmal. Mag sein, daß Sie dieses Mal besonders depressiv sind, daß Ihnen noch nie so mies und hoffnungslos zumute war. Wenn aber bisher nicht ein besonderer Schutzengel die Hand über Sie gehalten hat, haben Sie durchgemacht, was wir alle von Zeit zu Zeit durchmachen, und das ist ein Gefühl der Niedergeschlagenheit.

Ohne zu kompliziert zu werden, möchte ich Ihnen einiges über Depressionen erzählen. Ich weiß, ungefähr 60 Prozent der Menschen, die versuchen, sich zu töten, sind depressiv, wenn sie es tun. Daher ist die Wahrscheinlichkeit sehr hoch, daß auch Sie sich in einer Depression befinden. Und weil Sie vermutlich kein Experte in Sachen Depression sind, werde ich Ihnen etwas auf die Beine helfen und Ihnen einige Informationen über diese weitverbreitete seelische Störung geben. (Wenn Sie nicht depressiv sind und nur wütend oder einsam oder hochgradig gestreßt, sich hoffnungslos und hilflos fühlen, können Sie dieses Kapitel überspringen. Andererseits schadet es auch nichts, wenn Sie dabei bleiben.)

Da ich mit Hunderten depressiver Menschen gearbeitet habe und selbst schon ein- oder zweimal ganz unten war, weiß ich, wie lästig es ist, über Depressionen zu lesen, wenn man doch am liebsten ein paar Tage verschlafen würde oder den Fernsehapparat andrehen, um sich aufheitern zu lassen. Also verspreche ich, mich kurz zu fassen und nicht abzuschweifen.

Depressiv sein ist ein lebensbedrohender Gemütszustand, für Körper und Seele gleichermaßen. Wenn er nicht vorbeigeht, werden wir immer kränker, bis wir ganz unten in einem schwarzen Loch sitzen und uns nicht mehr vorstellen können, uns je wieder besser zu fühlen. Ich fragte einmal einen schwer depressiven jungen Mann, ob er irgendwelche Ängste habe. »Nein«, seufzte er, »ich bin zu niedergeschlagen, um mich zu ängstigen.«

Daher weiß ich, in einer Depression verlieren alle anderen Gefühle ihre Macht. Nichts schmeckt mehr, wenn man depressiv ist, nichts klingt gut, nichts macht Spaß. Alles, wofür es sich gelohnt hatte, zu leben, verliert den Wert. Depressiv sein heißt dem Leben völlig gleichgültig gegenüberstehen und ohne Antrieb sein.

Eine Wendung zum Besseren ist unvorstellbar. Man fühlt sich nicht nur depressiv, man beginnt auch so zu *denken*. Dieses »beschissene Denken« führt immer tiefer ins dunkle Loch, bis es schließlich keinen Ausweg mehr zu geben scheint. Daher ist eine Depression, in ihrer schlimmsten Form, eine Art geistiger und körperlicher Lähmung.

Verluste

Es gibt eine Menge Gründe, warum Menschen depressiv werden, mehr, als selbst wir sogenannten Fachleute kennen. Einige liegen aber auf der Hand, und man muß kein Genie sein, um sie sich auszumalen. Lassen Sie uns mit den Verlusten beginnen.

Jeder Verlust kann uns depressiv machen, bei den meisten Menschen ist das so. Wenn wir einen engen Freund verlieren, geht uns das nahe, und wir sind traurig, diesen Menschen nicht mehr bei uns zu haben. Wenn wir die Arbeit verlieren, geht es uns ähnlich. Wenn uns unser Freund wegen einer anderen sitzenläßt, ist das ein Verlust, und wir reagieren gekränkt, mit Zorn und vielleicht einer Depression. Das gleiche Gefühl haben wir, wenn wir die Gesundheit verlieren, unser Prestige oder wenn wir Dinge, die wir gerne hätten, nicht bekommen. Sogar wenn wir ein wichtiges Examen nicht bestehen, ist das ein Verlust für unsere Selbstachtung. Jedesmal, wenn wir einen Verlust erleiden, können wir möglicherweise depressiv werden.

Aber es gilt doch, einiges zu überdenken. Ganz offensichtlich gibt es solche und solche Verluste. Es ist eine Sache, den kleinen Finger zu verlieren, besonders wenn man Klavier spielt. Es gibt relativ große Verluste und nicht so folgenschwere. Und wenn wir auch alle einig sind, daß der Verlust eines Armes ein großer Verlust ist, können wir nicht einmal ahnen, wie groß er ist, wenn wir nicht selber Klavier spielen. Und von daher bin ich davon überzeugt, daß ich nie beurteilen kann, wie Sie Ihren Verlust interpretieren, und im Grunde kann das niemand.

Vor einigen Jahren kannte ich eine ältere Dame, die zu einigen Tests ins Krankenhaus mußte, wo festgestellt wurde, daß sie ziemlich krank war und mindestens einen Monat im Krankenhaus bleiben mußte. Ihr Mann war im Jahr zuvor gestorben, und das einzige Lebewesen auf der Welt, das ihr noch etwas bedeutete, war ihre Katze, die sie nicht mitnehmen konnte. Sie bat ihren einzigen Sohn, sich um das Tier zu kümmern. Er tat, was er für richtig hielt, und ließ sie einschläfern. Die Dame versank in einer schweren Depression, aß nicht mehr und starb drei Tage später.

Sie können natürlich der Meinung sein, diese alte Dame sei einfältig und es sei dumm, wegen des Verlustes einer Katze zu sterben. Aber was Sie denken, ist unerheblich. Es zählt nur, was die alte Dame empfand, als sie ihre Katze verlor. Und so ist es mit all unseren Verlusten – es geht nur darum, was sie uns bedeuten.

Aber lassen Sie uns von einigen der folgenschweren Verluste sprechen, die wir hoffen, nie erleiden zu müssen, und dennoch durchstehen müssen, ob wir wollen oder nicht.

Wir können Menschen verlieren, die wir lieben. Sie verlassen uns, ziehen weg oder sterben. Und da gibt es keine Ausflüchte: Der Verlust eines geliebten Menschen trifft uns ins Mark, und wenn Sie nicht aus härterem Stoff gemacht sind als der Durchschnitt, werden Sie diesen Verlust beklagen und das durchmachen, was man eine Depression nennt.

Wir können unsere Gesundheit verlieren. Bis wir krank werden, ist uns nie bewußt, was eine gute Gesundheit bedeutet. Die meisten denken, sie würden ewig leben. Aber eine Krankheit verändert alles. Wenn man wirklich krank oder verletzt wird und eine wichtige Körperfunktion ausfällt, kann man nicht länger behaupten, aus Edelstahl zu sein. Andauernder körperlicher Schmerz ist übrigens eine der Hauptursachen von Depressionen, und fast niemand, der lange Zeit unter Schmerzen gelitten hat, kann vermeiden, depressiv zu werden.

Wir können unser Geld verlieren. Sie glauben vielleicht nicht, daß Geldverlust zu Depressionen führen kann, aber so ist es. In unserer Gesellschaft bedeutet Geld persönliche Macht, und die bedeutet, daß wir unser Leben führen können, wie wir wollen. Verlieren wir viel Geld, vielleicht unseren ganzen Besitz, dann verlieren wir auch die Macht zu bestimmen, was mit uns geschieht. Und dieser Verlust kann unerträglich werden und zu Depressionen führen.

Das sind Beispiele für folgenschwere Verluste, und es gibt deren noch mehr. Manchmal machen Menschen mehrere größere Verluste in kurzer Zeit durch. Dann werden sich die dunklen Wolken der Depression zusammenziehen, und ein heftiger Sturm wird folgen.

Vielleicht fragen Sie: Wenn solche Verluste zu Depressionen führen können, na und? Aber bedenken Sie: Wenn Sie ein sehr schlechtes Jahr hinter sich haben und die Liste Ihrer Verluste immer länger wird, müssen Sie vielleicht konstatieren, daß dies das scheußlichste Jahr war, das Sie je erlebt haben. Und obwohl Sie depressiv geworden sind: Können Sie sich vorstellen, noch einmal so etwas durchzumachen? Hoffentlich nicht.

Und ich kenne Ihre Symptome. Sie haben kein Interesse mehr an Dingen, die Sie früher gerne getan haben. Sie haben Mühe, sich zu konzentrieren. Sie haben keine Energie. Im Beruf oder in der Schule läuft nichts. Ihre Willenskraft hat vier platte Reifen, und Ihr Ehrgeiz keinen Treibstoff. Ihre Stimmung kommt noch nicht einmal vom Boden hoch. Warum sollten Sie also nicht denken, Sie kämen nie mehr aus der Tasse heraus?

Aber einen Augenblick bitte. Wenn ich Ihnen nun sagte, daß die meisten Depressionen von allein besser werden, daß sie innerhalb weniger Monate nachlassen? Auch Ihre Depression könnte in einigen Wochen oder Monaten behoben werden mit Hilfe von Beratungen und/oder einigen Medikamenten?

Vielleicht können Sie überhaupt nichts für Ihre Depressionen. Sie könnten eine Veranlagung dazu geerbt haben, irgend etwas in Ihrer körpereigenen Chemie ist vielleicht nicht in Ordnung, und dadurch wird Ihr Gemüt krank. Wären Sie erstaunt zu erfahren, daß bei manchen Arten von Depressionen Ihrem Körper eine bestimmte Art von Salzen fehlen könnte (Lithium Carbonat) und Sie sich daher depressiv fühlen? Und wenn das festgestellt ist, brauchten Sie im Grunde nichts weiter als eine Art Salztablette täglich und hätten vielleicht nie wieder eine Depression?

Das alles ist wissenschaftlich bewiesen. Die Forschung auf dem Gebiet der Depressionen ist sehr schlüssig. Einige Depressionen sind ihrer Natur nach biologisch bedingt und werden mit Medikamenten behandelt. Andere können durch Diät und Übungen beeinflußt werden. Wieder andere klingen von allein ab, aus bisher unerklärlichen Gründen.

Behalten Sie im Gedächtnis: Bei den meisten Menschen vergehen Gefühle der Niedergeschlagenheit innerhalb eines Zeitraums von sechs Monaten, mit oder ohne Behandlung. Beratungen sind ein wirksames Gegenmittel für viele Depressionen. Bei anderen hilft die moderne Medizin. Beratung und Medikamente gemeinsam führen einen unerbittlichen Krieg gegen die schwersten Depressionen: In den meisten Fällen fühlen sich Patienten, die mit Beratungen beginnen und gleichzeitig Antidepressiva nehmen, innerhalb von zehn Tagen besser.

Gewiß, es gibt Depressionen, bei denen wir offensichtlich nicht viel helfen können, obgleich wir alles ausprobiert haben. Aber das sind nur wenige, und in der Forschung werden ständig neue Entdeckungen gemacht, wie Depressionen zu behandeln sind.

Vielleicht denken Sie: »Der redet über die Depression irgendeines anderen Menschen, nicht über meine. Er kann nicht wissen, wie meine sich auswirkt.«

Sie haben recht, aber nur zum Teil. Wenn Sie kein Besucher von einem anderen Stern sind, können Ihre Depressionen nicht so sehr verschieden von den unsrigen sein. Vielleicht haben Sie den Appetit verloren und können nicht schlafen, wachen aus Alpträumen auf, sogar am hellichten Tag. Sie liegen um 5 Uhr morgens im Bett, und in Ihrem Kopf läuft die »dreckige kleine Platte« ab, wie ich sie nenne, Sie wissen schon, die sich um ein scheinbar unlösbares Problem dreht und dreht und an deren Ende der Tonarm wieder zum Anfang zurückschnellt, und die ganze Angelegenheit noch einmal durchexerziert wird. Wenn Sie schließlich aufstehen, haben Sie schon ein volles Tagespensum hinter sich. Sex oder Kino oder Ihr Lieblingsessen sind Ihnen wahrscheinlich völlig gleichgültig, überhaupt alles, was Sie sonst gerne gemacht haben, aber es tut mir leid, mein Lieber, genauso geht es allen, die in einer Depression stecken.

Also selbst wenn Sie sich mit einer Mordsdepression herumschlagen müssen und nicht wissen, wie Sie herauskommen, so heißt das nicht, daß Sie sich nie wieder besser fühlen werden. Ich kenne weder Sie noch Ihre Lebensumstände, aber ich möchte darauf wetten, daß Sie die Depression überwinden. Und ich würde die Wette gewinnen.

Weil ich weiß, daß Sie Ihr Leben in die Waagschale geworfen haben und über Selbsttötung nachdenken als einen Ausweg aus der Depression und aus der Tasse, in der Sie stecken, möchte ich Sie an etwas erinnern, das sich zu wiederholen lohnt. Wenn wir uns entschließen, uns zu töten, fühlen wir uns plötzlich besser. Sich auf Selbstmord als der bestmöglichen Lösung für uns festzulegen, bedeutet ein wundervolles Gefühl der Erleichterung und vielleicht zum erstenmal seit Wochen einen Energiestoß und neue Kraft. Jetzt – endlich fühlen wir uns physisch und psychisch kräftig genug, um unseren Entschluß durchzuführen.

Aber bitte noch eine Minute. Spielen wir uns nicht selbst einen üblen Streich? Haben wir damit nicht die Behandlung erfunden, die den Patienten umbringt? Unser Entschluß, zu sterben, befreit uns vielleicht von den Schmerzen und der Qual unserer Depression, aber wir verlieren auch unser Leben und alles, was uns möglicherweise eines Tages erwarten könnte. Meiner Meinung nach ist der Suizid eine zu starke Medizin für eine Krankheit, die letzten Endes vorübergehen wird.

9. Suizid aus Wut?

Als Sie klein waren und wütend auf Ihre Eltern, haben Sie dann auch gedroht, die Luft so lange anzuhalten, bis Sie ersticken? Oder wegzulaufen und nie wiederzukommen, weil Sie schon als Kind wußten, daß das der beste Weg war, um zu hören, wie sehr man Sie liebte?

Rückblickend kommt uns diese Drohung kindisch und töricht vor. Aber, frage ich Sie, könnte Selbsttötung nicht eine erwachsene Version derselben Sache sein? Könnten wir nicht, wenn wir wütend auf unsere Umgebung und frustriert sind, die gleiche Motivation haben – einfach aufzuspringen, wegzulaufen und sie ein für allemal und für immer traurig zurückzulassen? Und nicht nur traurig, sondern zutiefst getroffen?

Das wäre doch möglich. In diesem Kapitel möchte ich mit Ihnen über Zorn sprechen, versuchen, Ihnen klarzumachen, daß Zorn Ihr Verbündeter sein kann und nicht Ihr Feind zu sein braucht.

Im Augenblick sind Sie vielleicht gar nicht zornig, sondern eher beunruhigt, pessimistisch, bitter, verärgert, aufgeregt, gereizt, oder, wie ein Patient mir gesagt hat: »Ich bin zu deprimiert, um wütend zu sein.« Zorn und Wut äußern sich auf vielfache Weise. Sie haben viele Namen, aber ihre Folgen können schädlich für uns sein, besonders wenn sich der Zorn gegen uns selbst richtet. Es ist also wichtig, über unseren Zorn Bescheid zu wissen: Woher er kommt, was er uns antut und wie er unser Denken und Fühlen beeinflußt.

Vielleicht haben Sie sich nie für einen zornigen Menschen gehalten, vielleicht sogar gesagt: »Ich werde nie wütend.« Da vermute ich jedoch, daß Sie nicht genau wissen, was in Ihnen vorgeht, noch nicht einmal, was Sie eigentlich ärgert. Oder daß Sie die Gründe dafür verkleinern und herunterspielen. Da wir schon früh lernen, unseren Zorn auszudrücken, war es vielleicht in Ihrer Familie nicht okay, wütend zu werden.

Immer wieder habe ich Menschen getroffen, die sagten: »Es war uns nicht erlaubt, die Beherrschung zu verlieren, es durfte einfach nicht sein.« Wenn Sie als Kind das auch nicht durften, haben Sie vielleicht gar keine Beziehung zu Ihrem Ärger, wissen nicht einmal, wie zornig Sie sind. Und weil Suizid oft ein Akt der Wut ist, geboren aus Frustration und brennendem Ärger, ist es wichtig, sich klarzumachen, ob nicht Wut Sie zum Selbstmord treibt.

Fragen Sie sich: »Will ich sterben, weil ich frustriert bin, wie die Dinge für mich laufen?« Wenn Ihre Antwort ja ist, dann sind Sie offensichtlich wütender, als Sie denken. Also lassen Sie uns über Zorn und Ärger sprechen.

Von allen Emotionen ist der Zorn vielleicht die unkomplizierteste. Er gehört zu unserer biologischen Ausstattung und zum Leben. Sofern in Ihrem Alltag nicht alles wie geschmiert läuft und Ihnen noch nicht einmal ein Schnürsenkel reißt, wissen Sie auch, was Frustration ist und als Folge davon Ärger, auch wenn Sie ihn vielleicht anders benennen.

Folgendes läuft in uns ab, wenn wir uns frustriert fühlen und Zorn in uns hochsteigt: Unser Herz schlägt schneller, der Blutdruck steigt, Zucker wird in den Blutstrom abgegeben, unsere Muskeln spannen sich, und der Körper bereitet sich auf physischen Kampf vor. Biologisch sind wir bereit, uns mit Schmerz, einer Bedrohung oder Angst auseinanderzusetzen; obgleich wir vielleicht versuchen, diese Aufwallung zu unterdrücken, können wir doch letztlich nicht viel tun, diese Reaktion zu übergehen. So jedenfalls scheint es.

Ich kenne viele Menschen, die nicht einmal wissen, wann sie wütend sind. Sie sagen, sie seien »aufgeregt« oder »niedergeschlagen«. Oder: Man solle sie in Ruhe lassen. Obwohl sie vielleicht eine heftige Gemütsbewegung durchmachen (und man kann das an ihren anschwellenden Nackenadern erkennen oder daran, daß ihr Gesicht rot anläuft, sie die Fäuste ballen und die Lippen zusammenpressen), werden sie trotzdem lächeln und sagen: »Nein, ich bin nicht zornig, es geht mir gut.« Sie unterdrücken ihren Ärger oder können ihn einfach nicht benennen. Für unser Thema ist das nicht so wichtig, außer daß sich daran zeigen läßt, daß viele wütende Menschen nicht wissen, was in ihnen vorgeht, oder das Gefühl zu leugnen versuchen.

Ob und wie man seinen Ärger erkennt, hängt von der Erziehung ab. In einigen Familien sind Zornesäußerungen einfach nicht erlaubt, in anderen nicht nur gestattet, sondern werden ermutigt. Dort, wo man Zorn als natürlich ansah, akzeptierte und in eine gesunde Kommunikation umleitete, wurde er nicht zum Feind. Aber wenn Kinder zu lernen hatten, ihren Zorn zu fürchten, als sei er wie ein wildes Tier, das losgelassen Amok laufen und alles, was sich in den Weg stellte, töten könnte, dort wurde Zorn zum Feind. Man erfuhr, daß es solche Gefühle nicht gäbe, und wenn man sie doch hätte, stimmte irgend etwas nicht.

Wie viele Menschen habe ich kennengelernt, die meinten, wütend zu sein sei gleichbedeutend mit *verrückt* sein. Und wenn sie sehr wütend wurden, fürchteten sie oft, die Beherrschung zu verlieren und dann etwas Entsetzliches zu tun. Nicht selten kam ihnen der Gedanke, sie müßten sich selbst etwas antun.

Zorn in unserer Kultur

Versucht man in unserer Gesellschaft einen Anhaltspunkt zu finden, was Zorn bedeutet und wie man diesem Gefühl Ausdruck geben könnte, wird die Sache plötzlich sehr verworren. Wenn ein Fußballspieler in einem Match wütend wird und versucht, voller Aggression auf den Burschen auf der anderen Seite »loszugehen«, wird das hingenommen. Anders liegen die Dinge, wenn die Fans das gleiche mit den Fans vom anderen Club vorhaben. Es ist okay für unsere Bildschirmhelden, zu schlagen, Augen auszustechen, zu erdolchen und niederzuschießen, und zwar so ungefähr jeden, der es verdient. Es ist nicht okay für uns Zuschauer, das gleiche zu tun mit den bösen Buben, die wir kennen und die es auch verdienen. Die amerikanische Regierung predigt Frieden, aber wenn uns die Wut packt, starten wir Vergeltungsmaßnahmen in Form von ›Luftangriffen‹ und werfen schwere Bomben auf die, die uns frustrieren. Länder predigen Frieden und praktizieren Rache.

Irgend etwas stimmt da nicht, und zwar die Überzeugung, aus Wut heraus müsse man aggressiv werden. Wir behaupten, die Gewalt zu hassen, aber wir lieben sie beim Sport, im Kino und im Fernsehen. Wir glauben, in der Wut das Recht zu haben zu zerstören. Wenn jemand uns wütend gemacht hat, signalisieren wir ihm: »Okay, das hast du erreicht, aber jetzt sieh dich vor!«

Unsere religiösen Führer versuchen, uns aus der üblichen Abfolge von Frustration-Wut-Aggression zu lösen, aber unter uns gesagt, sie haben damit alle Hände voll zu tun. Es scheint, heutzutage ist keiner mehr geneigt, »die andere Wange hinzuhalten«.

Was hat das alles mit Suizidgedanken zu tun, werden Sie fragen. Unterstellen wir einmal, daß Sie wie viele andere Ihren eigenen Ärger nicht sehr gut kennen – wie man ihn spürt, woher er kommt und was man gegebenenfalls damit anfangen soll. Nehmen wir also an, daß Sie bei plötzlichem Ärger immer erregter werden, bis hin zu dem Gefühl, die Beherrschung zu verlieren. Irgend etwas hat Sie wahnsinnig wütend gemacht, und ehe dieser Wutanfall verebbt, soll jemand dafür zahlen.

Aber wer? Die Person, auf die Sie wütend sind? Nein, Sie können nicht auf einen Lehrer, den Chef, den Ehemann oder die Ehefrau, einen Bruder oder die Schwester einschlagen. Verprügeln Sie einen Freund, dann ist Einsamkeit der Preis. Außerdem soll man nicht andere schlagen. In voller Kriegsbemalung gewissermaßen weiß man nicht, wohin mit der Wut. Wohin verzieht sie sich? Wenn Wut *immer* zu Aggression führt, wie kann sie dann je Ihr Freund sein?

Ich persönlich glaube nicht, daß roher, nackter, ungeläuterter Ärger jemandes Freund sein kann. Unkontrollierte Wut ist immer ein Feind. Angestauter Ärger und nicht wissen, wohin damit, das kann zu Selbsttötung führen.

Was ist zu tun?

Sie können es wie Charlie, einer meiner Patienten, machen, wenn er einen Wutanfall bekam. »Ich balle die Faust und schlage auf die Wand ein«, sagte er.

»Wie oft tun Sie das?« fragte ich.

»Mehrmals die Woche«, sagte er. »Es ist besser, als auf Menschen einschlagen. Außerdem sind es Gipsplatten, und meistens fahre ich mit der Faust direkt durch. Aber manchmal treffe ich auch einen Nagel.«

Charlie hatte sich die Handknochen so oft gebrochen, daß er die Übersicht verloren hatte, und freute sich, nicht in einem Ziegelhaus zu wohnen. Die Wut war nicht Charlies Freund.

Man kann aber auch lernen, Menschen mit Sarkasmus zu erledigen. Man kann ihnen Gemeinheiten ins Gesicht sagen, um sie zu treffen. Verbale Aggression ist zwar physisch ungefährlicher, aber doch verletzend, und man könnte schließlich ohne Freunde dastehen und sich selbst auch nicht leiden mögen. Sarkasmus hinterläßt die tiefsten Narben. Und wieder muß gesagt werden: Zorn ist kein Freund.

Oder man unterdrückt den Ärger, bis eines Tages der Blutdruck steigt, sich Kopfschmerzen einstellen, Geschwüre sich entwickeln oder irgendeine andere Krankheit, die nach medizinischem Urteil sehr wohl Folge ständiger Spannung durch angestauten Ärger sein kann. Ein solcher Ärger nagt an Ihnen und kann Sie eines Tages krank machen.

Aber als schlimmster Feind wirkt sich Ärger aus, wenn wir ihn gegen uns selbst richten, wenn wir in unserem Wunsch, es jemand heimzuzahlen und niemand finden, so frustriert werden, daß wir beginnen, im Spiegel nach einem Opfer zu suchen. Obwohl ich diesen Ausdruck nicht schätze, wird doch in diesem Falle der Suizid Selbstmord genannt, wobei unterstellt wird, daß er ein gegen das Selbst gerichteter Zerstörungsakt war.

Andere Möglichkeiten, mit Ärger umzugehen

Ich möchte Sie auf etwas hinweisen. Wenn ich Ihnen nun sagen würde: Sie haben kein Recht, bloß weil Sie wütend sind, Dinge kaputtzuschlagen, Menschen zu beschimpfen oder zu verprügeln und dabei im Grunde sich selbst zu verletzen? Wenn ich Ihnen sagte, weil Sie fuchsteufelswütend sind, daß Sie deswegen nicht automatisch wie ein Roboter die Karten hinzuwerfen und die Beherrschung zu verlieren haben? Wenn ich Ihnen sagte, daß was immer Sie auch über die heilsamen Folgen des »Ärgerablassens« gelesen oder gehört haben, gerade das das Dümmste war, was Sie tun konnten? Und besonders dann, wenn Sie sich dabei umbringen?

Also hiermit sei das alles gesagt. Entgegen allem, was früher in bezug auf Ärger behauptet wurde, hat die Forschung ergeben, daß ein unbeherrschter Wutausbruch sich sehr wahrscheinlich immer wiederholen wird. Weiterhin heißt es, man äußere seinen Ärger mechanisch, so wie man es gelernt hat, genau wie wir lesen oder radfahren gelernt haben. Und wenn Sie gelernt haben, Ihren Zorn in einer für Sie schädlichen Weise auszudrücken, dann ist meine Meinung, Sie sollten umlernen und neue Wege beschreiten.

Ich ahne, was Sie denken: »O je, der kennt nicht *meinen* Ärger. Mein Ärger ist ganz anders.«

Wenn Sie jetzt in meinem Büro säßen und so redeten, könnten wir uns streiten. Ich würde argumentieren, Sie sind kein Außerirdischer, also sind Sie auch, was Ärger angeht, nicht so verschieden von mir und anderen Menschen. Wie wir haben Sie gelernt, Ihrem Ärger Ausdruck zu geben und mit ihm fertig zu werden. Die Lektion war vielleicht unterschiedlich, aber der Vorgang war der gleiche. Und da Sie ein heller Kopf sind, sollten Sie in der Lage sein, intelligent mit Ihrem Ärger umzugehen, vielleicht sogar auf nützliche und produktive Weise.

Wenn Sie der Meinung zustimmen, daß Sie Ihren Ärger *nicht* automatisch und unkontrolliert äußern sollten, besteht, glaube ich, die Chance, sich zu ändern. Sie können einen Feind in einen Freund verwandeln. In einem solchen Buch kann ich das für Sie nicht tun, aber ich weiß, professionelle Hilfe ist erreichbar. In einigen Städten werden sogar sogenannte »Ärger-Management«-Kurse angeboten. Und es gibt einige gute Bücher zur Selbsthilfe zu diesem Thema. Es geht darum, das Schema Frustration-Ärger-Aggression zu durchbrechen.

Das Wesentliche ist folgendes:

1. Lernen Sie schnell, Ihren Ärger zu erkennen. Wenn Sie plötzliche Spannung spüren oder Ihnen die Röte ins Gesicht steigt, Sie die Zähne zusammenbeißen und Sie denken: »Verdammt, das macht mich verrückt«, dann sagen Sie sich: »Aha. Das ist das erste Anzeichen von Ärger. Das kenne ich.«

2. Als nächstes sagen Sie sich: »*Denken!*« Wenn wir wütend sind, neigen wir dazu, unser Hirn auszuschalten und das Feld unseren Drüsen zu überlassen, und das ist schlicht töricht. In einem außer Kontrolle geratenen Güterzug bitten Sie den Lokführer auch nicht, auszusteigen. Nein, Sie bitten ihn, auf der Lok zu bleiben und zu versuchen, die Bremsen wieder in Griff zu bekommen. Nachdenken bedeutet in diesem Falle bremsen.

3. Dann fragen Sie sich, warum Sie wütend sind, was Sie wutschnaubend macht. Fragen Sie sich: Habe ich Angst? Werde ich bedroht? Wollte mich jemand verletzen? Warum bin ich frustriert?

Die Antworten können Ihnen sehr helfen zu verstehen, woher Ihr Ärger kommt, und werden Sie zu der nächsten Frage führen.

4. Was möchte ich und was will ich mit dieser Kraft in mir anfangen? Ärger ist ein mächtiges Gefühl der Stärke, und Sie sollten sich fragen, wie kann ich es zu meinem Nutzen und dem meiner Umgebung lenken?

Zugegeben, diese Aufgabe ist schwierig und bedarf der Kreativität. Zu tun, als sei alles in Ordnung oder zu explodieren oder den Ärger herunterschlucken und gegen sich selbst zu richten, führt zu nichts und nützt niemand – am wenigsten der wütenden Person. Wenn wir wütend werden, brauchen wir ein Tor, auf das wir schießen können. Wir müssen wissen, was uns wütend macht, und was wir über kurz oder lang ändern wollen.

Wenn Sie festgestellt haben, daß Sie wütend sind, und wissen, wer oder was dieses Gefühl in Ihnen hervorruft und sich selbst angewiesen haben, *nachzudenken*, dann treten Sie zurück, zählen bis zehn und beginnen zu denken. Nachdenken, wenn man wütend ist, ist schwierig, aber nicht unmöglich. Und es geschehen wunderbare Dinge, wenn wütende Leute nachzudenken beginnen, anstatt in ihrer Wut zu verharren.

Erinnern Sie sich, der Ärger über rassische Diskriminierung führte Martin Luther King jr. zu dem Gedanken, eine Nation verändern zu wollen und vielleicht eines Tages eine Welt. Er verlor nicht die Beherrschung. Nein, er kannte seinen Zorn, wußte, wie er sich äußerte und woher er kam, und er wußte auch, daß Aggression und Gewalt nicht automatisch auf Zorn folgen müssen. Er schlug nicht auf andere ein, er legte keine Brände. Er wurde nicht krank und starb nicht vor Ärger. Und er richtete seine Wut nicht gegen sich selbst. Nein, Martin Luther King jr. setzte den Zorn ein, um für ein großes Ziel zu arbeiten, und dadurch wurde er zu einem wunderbaren Zorn.

Es ist eine traurige Ironie, daß ein Mann, der mit seinem eigenen Zorn nicht fertig wurde, einen der größten Männer, die eben das konnten, ermordete.

Aber zurück zu Ihnen. Da Ihr Ärger so natürlich ist wie Ihr Atem, sollten Sie sich wirklich mit ihm vertraut machen. Zorn ist eine große Kraftquelle und lehrt uns, was wir auf dieser Welt lieben oder nicht lieben. An unserem Zorn können wir wachsen, uns Ziele setzen und Gutes für uns und andere tun. Wenn wir erst einmal unseren Ärger kennen und beherrschen, können wir einen starken und vertrauenswürdigen Freund gewinnen. Wir müssen nicht die Sklaven unserer Wut sein.

Wichtiger noch: Wir müssen nie ihr Opfer sein.

Bitte denken Sie daran: Wütend zu werden ist natürlich. Sich über uns selbst und andere zu ärgern ist normal. Aber es ist weder natürlich noch normal, diese aggressive Gewalt gegen sich selbst zu richten, nach der Formel: Frustration führt zu Zorn und weiter zu Aggression. Und wenn Sie nicht vorsichtig und gewitzter sind als der Durchschnittssimpel, können Sie Opfer dieses Zornes werden.

Ehe Sie sich also umbringen, um jemand zu »zeigen«, wie wütend Sie auf ihn sind, bedenken Sie, daß Ihr Suizid, wenn er gelingt, nichts Neues schafft und nichts verändert. Sie werden zwar bewiesen haben, wie wütend Sie waren. Aber fragen Sie sich selbst: »Muß ich es auf diese Weise verkünden?«

Ich hoffe nicht.

10. Höchster Streß

Dieses Kapitel möchte ich mit einer Geschichte beginnen und beenden und dabei über das Phänomen Streß sprechen. Ich weiß, heutzutage ist das Thema Streß selbst schon zum Streß geworden, aber wenn Sie in der letzten Zeit sehr gestreßt waren (und diese Erfahrung Gedanken an Selbsttötung hat aufkommen lassen), werden Sie vielleicht auf den nächsten Seiten brauchbare Hinweise finden.

Amy war einundzwanzig Jahre alt und schön. Sie hatte ihren Freund von der Schule vor einem Jahr geheiratet. Ihr Mann war Ingenieur und arbeitete in der Stadt, wo ich praktiziere, daher mußte sie ihre Heimatstadt Utah verlassen. Der Umzug war Amy schwergefallen, denn sie mußte viel zurücklassen – ihre Wohnung, ihren Job, die beste Freundin, ihre Mutter und ihre Heimatstadt.

Kurz nach dem Umzug erfuhr sie, daß sie schwanger war. Sie war glücklich, ihr Mann nicht. Chuck wollte gerade jetzt noch keine Kinder und machte ihr Vorwürfe, die Schwangerschaft nicht verhindert zu haben. Sie hatten eine große Hypothek auf ihr Haus aufnehmen müssen, und er glaubte, sich noch keine Familie leisten zu können. Er begann immer später nach Hause zu kommen, und Amy hatte den Verdacht, daß er ein Verhältnis hatte. Als sie vorschlug, zu einem Eheberater zu gehen, lehnte er ab.

Sie spürte, daß sie sich um sich selbst kümmern mußte, und sah sich nach Arbeit um. Verwirrt und innerlich abgelenkt, überfuhr sie auf dem Wege zu einem Vorstellungsgespräch eine rote Ampel. Die rechte Seite ihres Wagens wurde bei einem Zusammenprall voll getroffen, Amy brach sich das Schlüsselbein und zog sich eine schmerzhafte Nackenverletzung zu. Dem Baby war nichts passiert, aber während der letzten Schwangerschaftsmonate würde sie sehr vorsichtig sein müssen. Gerade da rief ihre Schwester an, daß es der Mutter nicht gutgehe. Die in den nächsten Wochen bestätigte Diagnose lautete: unheilbarer Krebs.

Als Amy das ihrem Mann mitteilte und sagte, sie wolle nach Utah fahren, antwortete er: »Gut. Du kannst gleich dort bleiben. Ich möchte sowieso eine Scheidung.«

Allein, verzweifelt, deprimiert, unter körperlichen Schmerzen leidend und schwanger, schnitt sich Amy die Pulsadern auf. Deswegen kam sie zu mir.

Ich will nicht im einzelnen beschreiben, wie sie schließlich die Dinge verarbeitete, aber es gelang ihr und sie überlebte. Amy war immer eine starke Persönlichkeit gewesen, und als der Sturm vorbei war und die harten Entscheidungen getroffen, konnte sie sich wieder aufrichten und ihr Leben selbst in die Hand nehmen. Nun geht es ihr gut.

Der tiefere Sinn von Amys Geschichte ist folgender: Ein bißchen Regen fällt in jedes Leben, aber manchmal trifft einen auch ein Hurrikan.

Eine Möglichkeit, Streß zu beurteilen

Da ich nicht wissen kann, wie sehr Sie in letzter Zeit unter Streß gestanden haben, kann ich nur vermuten, daß Ihre Geschichte vielleicht der Amys ähnelt. Vielleicht ist sie noch schlimmer. Oder möglicherweise erleben Sie Streß nicht anfallsweise, sondern als ständige zermürbende Belastung. Ich werde versuchen, diese beiden Arten von Streß zu behandeln.

Denn an sich ist Streß nichts Negatives, nicht böse, nicht giftig, es gibt ihn einfach. Er ist überall, und niemand kann ihm entkommen. Ohne etwas Streß könnten wir unsere Möglichkeiten nicht ausnützen, würden nie angespornt, unser Bestes zu leisten, würden nie erfahren, wo unsere Grenzen sind. Ein bißchen Streß, sagen die Fachleute, tut uns gut.

Aber es gibt auch Zeiten, in denen uns der Streß über den Kopf wächst. Und angenommen, Sie haben über die Lösung, sich selbst zu töten, nachgedacht, werden Sie unter einem Streß stehen, den ich hochgradigen Streß nennen will. Es handelt sich um das Maß von Streß, das Sie (und das gilt nur für Sie) als unerträglich empfinden.

Wenn es darum geht, Streß zu messen, ist es höchst unwichtig, was andere für Streß halten oder nicht. Es geht nur darum, was für

Sie stressig ist. Wenn es Sie streßt, in der Öffentlichkeit zu sprechen, dann *ist* es Streß. Wenn für Sie ein Examen Streß bedeutet, dann *ist* es so. Wenn Sie sich gestreßt fühlen, wenn Sie ein Mädchen um ein Rendezvous bitten sollen, dann *ist* es Streß. Sie und nur Sie allein können definieren, was für Sie Streß bedeutet. Und das tun Sie, indem Sie darauf horchen, was Ihr Körper sagt – Ihr Herzschlag, Ihr Magen, Ihre Schweißdrüsen. Der Körper muß auf das reagieren, was Ihre Seele als Streß empfindet. In dieser »Kampf oder Flucht«-Reaktion tritt Ihr autonomes Nervensystem in Aktion, wenn Sie vor etwas stehen, das Ihnen gefährlich oder schädlich zu sein scheint.

Die meisten Menschen kennen diese Reaktion des Körpers auf akuten Streß, die man nicht übergehen sollte. Wir können solchen Streß sogar einsetzen, um uns für einen Wettbewerb oder eine Herausforderung »hochzuputschen«. Aber wenn er unsere Funktionsfähigkeit einzuschränken droht, werden wir versuchen, ihn zu vermeiden. Wir wechseln unsere Jobs oder solche Beziehungen, die wir als übermäßig stressig empfinden. Manchmal allerdings gehen wir auch Streß aus dem Wege, den wir aushalten sollten. Die meisten von uns kennen die physiologische Seite von Streß und wissen auch, wann unser Körper bereit ist, zu fliehen oder zu kämpfen.

Aber nicht alle Anzeichen von Streß sind so offensichtlich; oft merken wir nicht, woher er kommt. Und das ist gefährlich. Denn wenn wir nicht wissen, was uns streßt, können wir auch nicht dagegen angehen.

Was diesen hochgradigen Streß angeht und jene Lebenserschütterungen, die den Gedanken an Selbsttötung aufkommen lassen, könnte es helfen, Streß einmal mit Veränderung gleichzusetzen. (Das ist keine neue Methode, es wird in der Forschung schon als Hypothese betrachtet.)

Überlegen Sie einmal, daß jede Veränderung von uns Anpassung verlangt. Das erfordert Energie. Und gemäß dieser Theorie könnten wir uns gestreßt fühlen, weil wir uns in zu kurzer Zeit an zu viele Veränderungen anpassen müssen.

Wenn Sie Wechselfälle in Ihrem Leben als anstrengende Ereignisse betrachten und akzeptieren, daß die Folgen von Streß akkumulieren können, was wird dann geschehen, wenn Sie sich in kurzer Zeit zu vielen Veränderungen anpassen müssen? Könnten Sie nicht an die Grenzen Ihrer Belastbarkeit kommen, mit diesen sich häufenden Streß-Situationen fertig zu werden? Und ähnlich wie Amy nach einem Ausweg suchen?

Hier ist eine kurze Zusammenstellung von Amys Veränderungen bzw. Streß-Faktoren:

1. Heirat;
2. Umzug aus der gewohnten Umgebung;
3. Zurücklassen der Freunde, der Familie und gesicherter Zufluchtsmöglichkeiten;
4. Verlust der Arbeit;
5. Übernahme einer großen Schuldensumme (das neue Haus);
6. Schwangerschaft;
7. negative Veränderungen in der Ehe;
8. Verletzungen bei einem Autounfall (Verlust körperlicher Gesundheit und Wohlbefindens);
9. voraussichtlicher Verlust der Mutter durch unheilbare Krankheit;
10. Trennung und Scheidung und damit verbundener Verlust von Selbstachtung und Selbstwertgefühl.

Von welcher Seite man es auch betrachtet: Amy hatte kein gutes Jahr. Zehn größere Veränderungen, denen sie sich anpassen mußte, und obgleich sie eine starke Persönlichkeit war, hatte sie die Schwelle der Belastbarkeit überschritten, und deswegen unternahm sie eine selbstmörderische Handlung.

»Ich konnte es nicht mehr aushalten«, sagte sie, »es war einfach zuviel.«

In unseren Gesprächen pflichtete sie mir bei, daß sie nach menschlichem Ermessen nicht noch einmal ein so belastendes Jahr würde durchmachen müssen wie das letzte. Diese nüchterne Bestandsaufnahme half, daß sie bald ihre alte Kraft zurückkehren fühlte und beginnen konnte, nach vorne zu sehen. Die Gedanken an Selbsttötung traten zurück, und Amy sagte am Ende unserer Sitzungen: »Heute würde ich nicht mehr daran denken, mich umzubringen.«

Amys Leben unterscheidet sich nicht so sehr von dem unsrigen. Jeder von uns muß schwere Jahre durchmachen, Jahre äußerster Belastung. Das Kunststück besteht darin – scheint mir –, stets auf Belastungen gefaßt zu sein und sie mit einer Art grimmiger Entschlossenheit durchzustehen, ja sie zu begrüßen. Wenn wir das können, werden wir wie Amy stärker daraus hervorgehen. Und selbst wenn wir zutiefst getroffen sind, wird uns der Heilungsprozeß stärker machen.

Plötzliche Überlastungen

Auf einer Pinnwand über meinem Schreibtisch habe ich einen klugen Ausspruch angeheftet, der mir eines Tages einfiel, als ich mit einigen einschneidenden Veränderungen in meinem eigenen Leben fertig werden mußte. Diese Weisheit lautet: »Schlimmer als Veränderung ist *plötzliche* Veränderung.«

Dieser weise Spruch bleibt über meinem Schreibtisch hängen, um mich stets an diese Grundregel in bezug auf Streß zu erinnern, obwohl ich weiß, daß ich eine Menge Belastungen ganz gut verkraften kann. Diese Regel lautet: Veränderungen können Streß auslösen, plötzliche Veränderungen zur Katastrophe führen.

Wenn Sie in diesem Augenblick vor plötzlichen und verhängnisvollen Veränderungen stehen, hilflos große Verluste, Mißerfolge oder Rückschläge hinnehmen müssen, dann erleben Sie eine plötzliche Überbelastung. Und wenn dem so ist, sollten Sie wissen, was in Ihnen vorgeht. Wenn Sie auch nicht die Ereignisse selbst beeinflussen können, so doch zumindest Ihre Reaktion auf sie.

Es gibt Ereignisse im Leben, die uns ins Trudeln bringen können. Plötzliche unkontrollierbare Veränderungen fegen über uns hinweg wie ein Tornado, dessen Kurs wir nicht ändern können. Die Börse kann krachen und mit ihr unsere Ersparnisse. Unser Arbeitgeber kann bankrott machen, und wir werden plötzlich arbeitslos. Jemand, von dem wir glaubten, er liebe uns, verläßt uns um jemand anders willen. Ohne Vorwarnung wird unser Leben auf den Kopf gestellt, und wir werden im Sog dieses Tornados durcheinandergewirbelt, hin und her geschüttelt, umgedreht und in alle vier Winde geblasen.

Während dieser plötzlichen Streß-Überlastungen greifen wir nach jeder Lösung, die uns Erleichterung in unserer augenblicklichen Lage verspricht. Wir müssen das Geschehen wieder in Griff bekommen. Und da verspricht der Gedanke an Selbsttötung eine bessere Lösung als der Aufruhr der Gefühle und die Verzweiflung, die sich unser bemächtigt hat. Wenigstens kennen wir das Ende und können bestimmen, was als nächstes geschehen soll.

Aber Sie sollten jetzt einen Augenblick nachdenken. So verworren die Lage erscheinen mag und so schuldig, zornig und depressiv Sie sich fühlen mögen, Tatsache bleibt, daß diese Ereignisse sich Ihrer Einflußnahme entziehen. Gewisse Dinge werden ablaufen und weder Sie noch irgend jemand ist in der Lage, ihnen Einhalt zu gebieten. Wie wäre es, wenn Sie diese Situation einfach aussäßen und den Ereignissen ihren Lauf ließen?

Die Anonymen Alkoholiker haben ein wunderbares Gebet, das ihnen hilft, vernünftig und nüchtern zu bleiben. Es lautet: »Gott gebe mir die Gelassenheit, die Dinge hinzunehmen, die ich nicht ändern kann, den Mut, die Dinge zu ändern, die ich ändern kann, und die Weisheit, das eine vom anderen zu unterscheiden.«

Von allen Weisheiten, an denen Menschen versuchen, ihr Leben auszurichten, verrät keine mehr gesunden Menschenverstand als die Feststellung, daß es Dinge in unserem Leben gibt, die trotz all unseren Bemühens eben nicht zu ändern sind. Und wenn wir überleben wollen, müssen wir sie hinnehmen, und zwar mit Anstand und Würde.

Sollten Sie also unter plötzlichem übergroßem Streß stehen, sich verwirrt und desorientiert fühlen, was Ziel, Wertvorstellungen, Glauben, Traditionen angeht, dann ist es vielleicht an der Zeit, fest im Auge des Hurrikans zu stehen und hinzunehmen, was man nicht ändern kann. Eine solche Haltung bringt Ihnen vielleicht, was Sie suchen – ein Gefühl der Gelassenheit und des Friedens.

Rauf oder raus?

Angesichts der heutigen Verhältnisse möchte ich ein paar Worte über unser Leben in dieser Welt sagen und den Streß, mit dem wir lernen müssen umzugehen.

Jeder muß sich ständig ändern und anpassen. Die Futurologen sagen, die Welt werde sich stetig weiter verändern. Unsere Werte, Gedanken, Technik, unser Lebensraum, die Berufe, die wir ausüben, die Menschen, die wir kennen, werden sich verändern, und zwar schneller als je zuvor in der Weltgeschichte. Was bis heute beständig, sicher und richtig war, wird morgen fragwürdig und ins Gegenteil verkehrt sein. Daran ist nichts zu ändern, ob es uns nun gefällt oder nicht. Man kann die Zukunft nicht aufhalten, so wenig wie Veränderungen.

Was ist also zu tun? Ich persönlich denke: Da wir weder die Ursachen für Streß sehr reduzieren können noch die an uns gestellten Forderungen, uns anzupassen, sollten wir versuchen, eine andere und gesündere Perspektive der heutigen Lebensweise zu gewinnen, wenn wir uns ihr schon nicht entziehen können. Eine andere Betrachtungsweise wird uns lehren, in die Veränderungen, die kleinen und die großen, denen wir uns stellen müssen, hineinzuwachsen. Wir sollten zu einem Wandel bereit sein, ja uns sogar darauf freuen.

Aber um das zu können, müssen wir ein Phänomen in unserer Gesellschaft untersuchen, das mir ziemlich irrwitzig vorkommt. Wir setzen uns Streß und Druck aus, weil wir glauben, es gäbe nur einen einzigen Weg zu Glück und Zufriedenheit, und dieser schmale Pfad führe stets nach oben.

Mit »oben« meine ich die Richtung, die viele von uns als die einzig mögliche ansehen, nämlich, von dort, wo wir uns befinden, hinauf zu irgendeinem anderen, erfolgversprechenderen, höheren Ort. Ein B-Student sollte nach A aufrücken. Wir spielen Basketball für die Oberschule, aber wir sollten für ein College-Stipendium kämpfen, aber wir haben unsere Aufgabe nicht erfüllt, ehe wir nicht für den Nationalen Basketball-Verband spielen. Wir lieben unseren Job als Facharbeiter, aber wir müssen zum Aufseher aufsteigen. Wir sind gerne Mutter und Hausfrau, aber wir verwirklichen uns nicht selbst, wenn wir nicht noch einmal zur Schule gehen, um eine neue Karriere nach oben zu starten.

Hinauf, hinauf, hinauf! Immer wieder stoße ich bei meiner Arbeit auf grämliche, mit sich unzufriedene Leute, unzufrieden mit sich, weil sie entweder nicht oder nicht schnell genug aufsteigen. Und wenn sie selbst mit ihren Jobs oder in der Schule zufrieden sind, dann meinen ihre Partner, Eltern oder Freunde, sie sollten doch höher kommen. College-Studenten regen sich auf und sorgen sich um ihre Noten, weil es keinen Aufstieg auf der Erfolgsleiter geben wird, wenn man nicht ausgezeichnete Noten hat. Hinauf, hinauf, hinauf! Der einzig richtige Weg führt nach oben.

Und das ist nicht alles. Ich arbeite mehr und mehr mit Menschen, die, von einem normalen Standpunkt aus gesehen, ein sehr erfolgreiches Leben führen. Sie haben Autos und Mikrowellengeräte, Videorekorder, sind gesund, haben Freunde und haben das erreicht, was jeder Amerikaner sich erhofft – sie sind »angekommen« und haben den amerikanischen Traum mit beiden Händen gepackt. Aber nun raten Sie mal? Sie sind nicht glücklich. Warum? Weil sie nun, oben angekommen, keinen Ort mehr sehen, wohin sie nun gehen könnten. Ich hatte einen erfolgreichen Rechtsanwalt, der mir sagte: »Ich wünschte, ich könnte noch einmal von unten anfangen.«

»Warum?« fragte ich.

»Weil ich dann wieder nach oben streben könnte.« Dieser Mann auf dem Gipfel seiner Karriere, mit großem Einfluß als Anwalt, zu einer Zeit, als in seinem und der Familie Leben alles perfekt lief und er Geld scheffelte, dachte an Suizid.

Warum? Weil Jim in der Verwirklichung seiner Lebensziele den Aufwärtskurs bis zum logischen Ende gegangen war. Er war angekommen und hatte nun nichts mehr zu tun, nichts, nach dem er streben, das er erträumen oder planen konnte. Er hatte, kurz gesagt, sein Leben ausgelebt, bis keine Träume übrig waren. Und nun war er bankrott und wollte raus.

Und wohin wollte Jim gehen? Einfach raus. Suizid schien ein logisches Ziel zu sein.

Ich habe mich manchmal gefragt, ob unsere Besessenheit, immer weiter nach oben zu kommen, nicht das Umfeld schafft für Depressionen und Selbstmordgedanken, sowohl unterwegs als auch am erstrebten Ziel. Das Spiel, ständig aufzusteigen, erlaubt nicht, innezuhalten und sich am Duft der Rosen zu erfreuen. Wir haben keine Zeit, wir haben zuviel zu tun. Weil wir nach oben müssen, fühlen wir uns schuldig, wenn wir anhalten, um das Erreichte zu genießen. Wir können nie zufrieden sein, weil wir in unserer Hast, irgendwo anders hinzukommen, keine Freude dort haben, wo wir sind. Meiner Ansicht nach gibt es zu viele Menschen, die leben, um zu arbeiten, anstatt zu arbeiten, um zu leben.

Und immer weniger Menschen können spielen. Spielen ist etwas für Kinder. Bei meiner Arbeit treffe ich eine Menge erwachsener, reifer Menschen, die am Ende ihres Berufslebens plötzlich stranden.

Sie können nicht spielen. Sie wissen nichts mit sich anzufangen, nun da sie nicht mehr arbeiten. Leben hat für sie keinen Inhalt mehr. Sie werden depressiv. Und in der Depression beginnen sie an Selbsttötung zu denken. Wie ein alter Mann mir sagte: »Wenn ich nicht arbeiten kann, kann ich genausogut sterben.«

Im zweiten Teil dieses Wahnsinns, immer höher zu wollen oder auszusteigen, geht es dann um das »Wie«. Wenn man nicht nach oben steigt, steigt man besser aus. Beim Militär ist das bei den höheren Rängen des Offizierscorps so üblich, und das gleiche gilt bei gewissen Unternehmen: Wer nicht aufsteigt, stagniert und leistet nichts mehr. Dann ist es besser, auszusteigen.

Das ist schon bei jungen Leuten so. Da heißt es, wenn sie nicht effektiver arbeiten, schafften sie die Schule nicht und bekämen dann auch keinen guten Job, in dem sie aufsteigen könnten. Wenn sie also das Klassenziel nicht erreichten, könnten sie gleich aussteigen. Viele junge Leute tun genau das, und »aussteigen« heißt für sie: Entscheidung zum Suizid.

Japan, ein Land, das seine Studenten in jeder Generation von neuem an die Grenze ihres Leistungsvermögens treibt, hat eine horrende Selbstmordrate, gerade in der Zeit der landesweiten Examen, von denen es abhängt, ob man wenigstens die Gelegenheit bekommt, aufzusteigen.

Diese Philosophie des Auf- oder Aussteigens ist meiner Meinung nach glatter Wahnsinn. Sie erlaubt Menschen nicht, sich mit dem Durchschnitt zufriedenzugeben, sich in ihrem Beruf wohl zu fühlen, eine schlechtere Note in Geschichte zu bekommen und doch das Gefühl zu haben, etwas dazugelernt zu haben. Wir dürfen keine Ruhepause einlegen und uns an unserer Leistung freuen. Diese Philosophie des »Rauf oder raus« treibt uns immer weiter und immer schneller voran, bis wir Opfer unseres eigenen unerbittlichen Strebens werden, irgendwo anders anzukommen. Und obgleich wir über Streß klagen, wollen wir offensichtlich nicht verstehen, daß er hausgemacht ist.

Sollten Sie dieser Lebensphilosophie anhängen, wie werden Sie sich bei einem schweren, unerwarteten Schicksalsschlag verhalten? Wenn Sie aus heiterem Himmel Opfer einer unvorhergesehenen Tragödie werden? Als vielversprechender Sportler werden Sie schwer verletzt und können Ihren Sport nicht mehr ausüben. Als aufstrebender Leitender Angestellter werden Sie entlassen, wenn ein neues Management kommt. Der Mann Ihrer Träume stirbt bei einem Autounfall kurz vor der Hochzeit. Die Firma, die Sie von Ihrem Vater geerbt haben, geht bei einem Konkurs verloren.

So etwas kommt vor bei Leuten, die wir kennen, und auch bei uns. Und wenn so etwas passiert, stehen wir unter enormem Streß. Aber ist das das Ende unseres Lebens? Wenn wir nicht mehr aufsteigen können, müssen wir dann aussteigen? Ist unser Weg durch das Leben so schmal? Oder gabelt er sich vielleicht nach der nächsten Biegung?

Ich stelle Ihnen diese Fragen, weil ich das bestimmte Gefühl habe, zu viele sehen nur einen Weg, um es im Leben zu etwas zu bringen. Wir sehen unsere Zukunft zu eng an unsere Vergangenheit oder Gegenwart gebunden. Irgendwie sind wir zu der Ansicht gekommen, wir *müßten* auf dem eingeschlagenen Weg Erfolg haben, sonst sind wir gescheitert, und zwar vollständig.

Diese Haltung des Entweder-Oder, Schwarz oder Weiß, Gewinnens oder Verlierens ist gefährlich in einer Lebenskrise. Denn einmal in dem Gedanken gefangen, wir könnten nur auf diese eine Weise leben oder nur mit dieser einen Person oder nur diese einzige Arbeit verrichten und dabei ständig nach oben schielen, berauben wir uns der wichtigsten Eigenschaft, um auf diesem Planeten zu überleben, der Flexibilität. Wenn wir uns nicht unter den Schlägen wegrollen können, wird uns auch ein kleiner Stoß umwerfen.

Sollten Sie also unter einem übermäßigen Streß stehen, der Sie zu größeren Veränderungen zwingt, zu denen Sie sich nicht in der Lage fühlen, dann sind Sie vielleicht in dieser »Rauf oder raus«-Philosophie gefangen. Und beim Nachdenken über einen Ausweg könnte Ihnen die Idee kommen, wenn Sie sich selbst töteten, wären Sie zumindest den Streß los.

Wenn das zutrifft, sollten Sie sich folgendes überlegen: Wie traumatisch Sie auch den Streß in letzter Zeit empfunden haben, wäre es doch möglich, daß Ihre Reaktion darauf Ihrer Lebensphilosophie entspringt. Wenn uns schlimme Dinge zustoßen (und das wird immer wieder geschehen), müssen wir sie interpretieren. Und *wie* wir das tun, das ist Teil unserer Lebensphilosophie.

Im letzten Kapitel dieses Buches habe ich mir erlaubt, Sie zu bitten, über Ihre Philosophie nachzudenken. Sie sollen sich nicht der meinen anpassen, wie man in dieser Welt zurechtkommt, nur Ihre eigene überprüfen. Ich bitte Sie darum aus der Erkenntnis, daß wir zwar die Welt nicht ändern können, aber doch die Art und Weise, wie wir sie betrachten und wie wir unser Leben gestalten, solange wir es besitzen.

Ich frage Sie also noch einmal: Bedeutet das, was Ihnen jetzt zustößt, wirklich das Ende? Oder ist es eine vorübergehende Krise, auf die neue nie geahnte Möglichkeiten folgen können? Schließlich hoffe ich, daß Sie erkennen, wie gefährlich diese »Rauf oder raus«-Philosophie ist, die Sie irgendwo aufgegriffen haben, besonders wenn am Ende der Gedanke der Selbsttötung steht.

Zu Beginn habe ich gesagt, ich würde dieses Kapitel mit einer Geschichte abschließen. Ein Freund hat sie mir erzählt, und ich weiß nicht, woher sie stammt. Daher entschuldige ich mich, sie übernommen zu haben, falls der Autor sich gekränkt fühlt.

Es geht um einen alten Bauern, namens Iwan, der, obwohl arm an materiellen Gütern, reich an Weisheit ist. Er lebt mit seiner Frau und einem einzigen Sohn auf einem kleinen Hof. Sein einziger Reichtum ist ein edler Hengst.

Eines Tages im zeitigen Frühjahr reißt sich der Hengst von seinem Strick los und läuft in die Berge. Als Iwans Freund und Nachbar diese Nachricht hört, kommt er angelaufen.

»O Iwan«, sagt er, »ich habe gehört, dein Pferd ist davongelaufen. Nun hast du nichts mehr, dein einziger Reichtum ist weg. Was wirst du tun, nun da du arm bist, ärmer als zuvor? Das ist wirklich schrecklich.«

»Kann sein«, sagte Iwan, »noch ist es zu früh.«

Dann, zwei Tage später, kam der Hengst zurück und mit ihm fünf Stuten.

»Hast du ein Glück«, sagte Iwans Freund voller Neid. »Nun bist du reich, du hast jetzt sechs Pferde. Was für ein Glück!«

»Kann sein«, sagte Iwan, »wir werden sehen...«

Als die Stuten eingefangen und in den Korall getrieben waren, machte sich Iwans Sohn daran, sie für Sattel und Pflug zuzureiten. Aber als er bei der ersten Stute aufsaß, warf ihn das wilde Pferd gegen den Zaun, und er brach sich ein Bein.

»O weh«, schrie Iwans Freund, als er von dem Unglück erfuhr. »Du hast doch kein Glück. Das ist ja schrecklich, fürchterlich! Dein einziger Sohn hat sich das Bein gebrochen. Wer wird dir bei Aussaat und Ernte helfen? Du tust mir leid, Iwan. Ich habe zwei gesunde Söhne, und ich glaube, ich habe mehr Glück als du. Schlechte Aussichten!«

»Kann sein«, sagte Iwan.

In der nächsten Woche kamen die Soldaten des Königs in das Dorf und holten alle jungen gesunden Männer weg für des Königs neuen Krieg. Iwans Sohn war nicht darunter.

Ich hoffe, Sie verstehen, warum ich die Geschichte erzähle. Wie schrecklich und aussichtslos die Lage heute auch erscheinen mag, am nächsten Tag kann Unerwartetes geschehen. Und wenn wir die schlechten Zeiten durchstehen, können die Dinge durchaus besser werden.

Schließlich meine ich, ein gutes Leben ist nicht ein Leben ohne unglückliche Ereignisse, sondern eines, in dem wir das Unglück durchgestanden haben und daran gewachsen sind. Denn eines weiß ich gewiß, ein Blick zurück aus unserer eigenen Zukunft wird uns lehren, daß das Unglück von heute zu den Erinnerungen von morgen gehört – einige traurig, einige köstlich, einige sogar komisch – und unsere Aufgabe besteht darin, am Ball zu bleiben, und wenn es auch nur mit den Fingerspitzen ist.

11. Abgrundtiefe Hoffnungslosigkeit

Auf vielen Gebieten der Medizin suchen Forscher heute nach sogenannten »Zauberpatronen«, d. h. einer Medizin, die genau auf den Krankheitserreger zielt und den Virus oder den lebensbedrohlichen Prozeß zerstört. Leider verfügen die moderne Psychiatrie und Psychologie nur über wenige Zauberpatronen. Aber wenn wir »Seelenärzte« uns ein solches Zaubermittel wünschen könnten, wäre das bestimmt eine Medizin gegen Hoffnungslosigkeit.

Welche Gefühle Sie auch im Augenblick bewegen mögen – Niedergeschlagenheit, Zorn, Einsamkeit, Verlust –, keines macht mir mehr Sorgen als das der Hoffnungslosigkeit, weil dieser Zustand der gefährlichste ist. Ohne Hoffnung sein heißt: an *jeder* Zukunft zu zweifeln, *jeder* Heilungsaussicht, *jedem* Versprechen, daß sich die Lage je bessern könnte. Aus dieser Gemütsverfassung äußerster Mutlosigkeit erwachsen Gedanken an Suizid, die sich bis zur Akzeptanz dieser endgültigen Lösung steigern können.

Wenn Sie sich zu hoffnungslos fühlen, um noch irgendeine Hoffnung zu haben, mache ich mir Sorgen um Sie. Und obwohl ich keine Zaubermedizin für Ihre Hoffnungslosigkeit habe, möchte ich doch wenigstens mit Ihnen besprechen, woher sie kommt und was Sie tun können, um aus diesem Zustand herauszukommen.

In all den Jahren habe ich meinen Patienten gesagt, wie gerne ich ihnen eine Hoffnungsspritze oder ein paar Hoffnungspillen gäbe oder auch nur ein Buch, das ihnen in ihrer Verzweiflung Erleichterung bringen könnte, und zwar auf der Stelle, nicht erst in Tagen, Wochen oder Monaten. (Typische Therapeutenträume.) Aber leider ist es nicht leicht, Hoffnung weiterzugeben. Es dauert eine Weile. Verluste, Mißerfolge und wiederholte Niederlagen bewirken schließlich, daß man in das Loch der Hoffnungslosigkeit fällt, und ebenso braucht es Zeit, Siege und Erfolge, um wieder herauszukommen. Aber es kann gelingen, und es ist auch gelungen.

Von meinem Beruf her, als Psychologe, möchte ich keine bestimmte religiöse Lösung empfehlen. Aber für einige liegt dort ein Ausweg, dessen bin ich sicher, und wenn Sie ihn gehen könnten, dann rate ich, diese Suche sofort zu beginnen.

Woher kommt Hoffnungslosigkeit

Eines sollte klar sein, Sie müssen nicht depressiv sein, um sich hoffnungslos zu fühlen. Viele, vielleicht sogar die meisten Menschen mit Depressionen verspüren eine gewisse Hoffnungslosigkeit. Aber sie kann jeden von uns überfallen. Und die Forschung hat ergeben, daß Hoffnungslosigkeit der gemeinsame Nenner derer ist, die sich für Selbsttötung entscheiden. Da sie an jeder Zukunft oder Lösung ihrer Probleme verzweifeln, kommt ihnen der Gedanke: »Was soll das? Ich könnte genausogut tot sein.«

Damit Sie das Gefühl der Hoffnungslosigkeit besser verstehen, werde ich mich auf die Arbeiten einiger Psychologen stützen, deren Ideen und Untersuchungen viel dazu beigetragen haben, diesen sehr komplizierten Gemütszustand zu erhellen. Martin Seligman, Aaron Beck und viele andere haben einen Begriff erarbeitet, den sie »erlernte Hilflosigkeit« nennen, und das bedeutet genau das, was es ausdrückt: Menschen, die schon des öfteren gescheitert sind, wenn sie ihre Welt verändern wollten, lernen schließlich, daß sie letzten Endes hilflos vor den Ereignissen in ihrem Leben stehen und sie nicht in den Griff bekommen. Und dieses Gefühl der Hilflosigkeit in bezug auf ihre Zukunft macht sie depressiv und hoffnungslos.

Das ist mit dürren Worten ausgedrückt, wie erlernte Hilflosigkeit erfahren wird. Depressionen, wenn sie nicht biologischer Natur sind, entstehen als Antwort auf den Verlust eines geliebten Menschen, Mißerfolge im Beruf oder Schule, finanzielle Rückschläge, oder weil wir aus irgendeinem Grunde zu der Ansicht kommen, alle unsere Versuche führten zu nichts. Sogar erfolgreiche Menschen glauben manchmal, nicht die eigene Anstrengung zähle, sondern Glück oder Pech.

Dieses Gefühl verlorener Liebesmühe liegt der erlernten Hilflosigkeit zugrunde. Nach wiederholten Nackenschlägen ist man überzeugt, daß man einfach vom Pech verfolgt wird und dagegen *nichts* zu machen ist. Und ist man erst einmal an diesem Punkt angekommen, ist es nur noch ein kleiner Schritt zu dem Gefühl der Hoffnungslosigkeit.

Sheila, eine depressive junge Frau, mit der ich einige Wochen gearbeitet hatte, drückte den Zustand ihrer Hilf- und Hoffnungslosigkeit in einigen kurzen Sätzen aus: »Als ob ich verflucht sei«, sagte sie. »Ich versuche, unser Problem mit meinem Freund zu besprechen. Aber er wollte nicht zuhören. Ich habe mich um mehrere Jobs beworben, aber niemand will mich anstellen. Ich lebe Diät und nehme zu. Neulich stolperte ich und brach meinen Knöchel. Jetzt kann ich noch nicht einmal nach Arbeit suchen. Es scheint, je mehr ich mich anstrenge, desto größer sind meine Mißerfolge. Es ist einfach hoffnungslos.«

Sheila wußte es nicht, aber sie paßte perfekt in das Muster der erlernten Hilflosigkeit. Sie hatte versucht, ihr Leben zu gestalten, aber nichts gelang. Und nach einigen Monaten war sie zu dem Schluß gekommen, alles, was sie unternahm, sei zum Scheitern verurteilt. Dieses Gefühl des sicheren Mißerfolges und der drohende Verlust ihrer Selbstachtung führten dazu, schon vor jedem Versuch einen Fehlschlag vorauszusetzen. »Wenn ich jetzt zu einem Vorstellungsgespräch gehe«, sagte sie, »weiß ich, noch ehe ich das Büro betrete, sie werden mich nicht anstellen. Ich sehe es sofort an ihren Gesichtern, und wahrscheinlich sehen sie es auch an meinem Gesicht.«

Sheila hatte recht. Nach einer langen Reihe von Fehlschlägen, wird es immer leichter, die eigne Zukunft vorauszusagen. Die sicherste Prophezeiung, angesichts des eigenen Lebenslaufes, ist ein erneuter Mißerfolg. Und wenn man erst einmal soweit ist, wird man nicht mehr enttäuscht, denn unbewußt beginnt man durch eigenes Handeln den Mißerfolg zu programmieren. Sheila sagte: »Ehe man mir den Job vielleicht angeboten hätte, sagte ich beim letzten Vorstellungsgespräch, ich könnte es verstehen, wenn man mich nicht anstellen würde. Vermutlich habe ich dadurch erst ihre Ablehnung herbeigeführt. Dämlich, nicht wahr?«

Sicher war es dumm von Sheila, aber ihr schien es vernünftig. Indem sie einer Ablehnung zuvorkam, schirmte sie sich vor dem nächsten Mißerfolg ab. Genau das ist die Psychologie der erlernten Hilflosigkeit, und um es deutlicher zu sagen, die Psychologie des Verlierers.

Sheila war kein Verlierer. Sie hatte Erfolg in der Oberschule gehabt und sehr gute Noten bekommen. Auch in den zwei darauffolgenden Jahren in der Handelsschule hatte sie gut abgeschnitten. Sie lernte Gitarre spielen und half der Mutter, nach dem Tode des Vaters wieder Boden unter den Füßen zu bekommen. Kurz, sie konnte, objektiv gesehen, durchaus Erfolge vorweisen. Aber, und hier liegt der Schlüssel, *in letzter Zeit* war ihr ihrer Meinung nach nichts mehr gelungen. Ein Fehlschlag folgte dem anderen, und in wenigen Monaten hatte sie den für sie einzig gültigen Schluß gezogen, daß sie zum Mißerfolg verurteilt sei.

Geborene Verlierer

Nur Menschen sind imstande, ihre eigene Geschichte neu zu schreiben. Das tun wir alle, und zwar ständig. Wir nehmen uns einige Freiheiten, wenn wir uns an die Noten »erinnern«, die wir in der Oberschule bekamen. Bei einer Bewerbung »erinnern« wir uns, ein Jahr lang an einem Arbeitsplatz gearbeitet zu haben, obgleich es nur neun Monate waren. Wir »erinnern« uns, unserer ersten Freundin den Laufpaß gegeben zu haben und nicht umgekehrt. Diese kleinen Verdrehungen in unseren Erinnerungen entsprechen in diesem Augenblick unseren Bedürfnissen. Und solange wir damit niemand schädigen, ist es ziemlich unerheblich, wie wir unsere Vergangenheit umschreiben.

Aber überlegen Sie einen Augenblick: Was geschieht, wenn wir in ungewöhnlich schneller Folge Verluste, Rückschläge und Mißerfolge erleiden? Wenn wir trotz allen Bemühens die Dinge nicht in den Griff bekommen, sondern wenn sie Wochen und Monate so weiterlaufen? Fühlen wir uns dann nicht so hilflos, daß uns die Lage hoffnungslos scheint? Ich glaube, das ist so.

In meiner beruflichen Tätigkeit habe ich an meinen Patienten die Merkmale eines hoffnungslosen Denkens kennengelernt. Hier einige Beispiele dafür, wie solche Menschen die Probleme in ihrem Leben betrachten:

»Ich weiß, ich sollte heraus aus meiner Ehe, aber wahrscheinlich würde ich wieder einen Alkoholiker wie Fred heiraten.«

»Ich weiß, mein Job bringt mich um, aber schließlich lieben die meisten Leute ihre Arbeit nicht. Warum soll ich mir also den ganzen Ärger aufladen?«

»Ich weiß, ich sollte abnehmen, aber verdammt, ich kenne mich! Ich nehme sowieso wieder zu.«

»Diese Menschen sind in einer hoffnungslosen Haltung festgefahren. Sie sehen das Problem, aber sie kennen auch schon das Resultat. Sie haben nicht den geringsten Zweifel, daß sie einen Mißerfolg erleiden werden. Und deswegen fragen sie: Warum soll ich es dann überhaupt versuchen?

Gute Frage. Wenn ich der gleichen Ansicht wäre wie viele meiner Patienten, daß ein Problem nur mit einem Mißerfolg enden kann, dann wäre meine Arbeit nutzlos, und ich sollte lieber Gebrauchtwagen verkaufen. Aber ich glaube nicht, daß meine Arbeit nutzlos ist, und auch nicht, daß meine Patienten so hoffnunglos sind, wie sie denken. Meine Arbeit mit hoffnungslosen Menschen besteht darin, sie wachzurütteln, ihre Einstellung zu ihren Problemen in Frage zu stellen, sie zu einer differenzierteren Sicht zu veranlassen.

Ich weiß nicht, ob Sie auch in dieser Klemme sitzen. Aber ich vermute, wenn Sie Ihre Lage als hoffnungslos ansehen, haben Sie wohl eine ähnliche Einstellung gewonnen. Und wenn Sie schon einmal Selbsttötung in Erwägung gezogen haben, bin ich beinahe sicher, daß Sie überzeugt sind, Mißerfolg sei das einzig sichere Ergebnis, auf das Sie sich einstellen können.

Ich möchte Sie also auf den letzten Seiten dieses Kapitels herausfordern, d. h. Ihre Denkweise in Frage stellen. Ich will Sie aufrütteln. Und wenn ich kann, Sie zu der Überzeugung bringen, daß Sie durch viele Rückschläge in letzter Zeit vielleicht Ihre eigene Geschichte umgeschrieben haben, passend zu den Tatsachen, wie Sie sie heute sehen.

Haben Sie sich je gewundert, warum reiche und berühmte Menschen sich umgebracht haben? Haben Sie sich laut gefragt: »Warum sollte sie? Sie besaß doch alles, wofür es sich zu leben lohnt?«

Eine bessere Frage könnte sein: »Warum fühlte sie sich so hoffnungslos?« Denn in dieser Frage fänden Sie wahrscheinlich die Antwort auf die Hauptfrage. Ja, sie hatte ein Problem. Ja, es erschien ihr unlösbar. Ja, und trotz ihres Reichtums, ihrer Gesundheit und ihres offensichtlichen Erfolges entschied sie sich für den Suizid.

Wenn wir die Wahrheit über diesen Menschen kennen würden, würden wir Hoffnungslosigkeit vorfinden und das tief in ihm verankerte Gefühl, sein »Problem« könne nur mit einem Fehlschlag enden.

Dieses Gefühl des sicheren Mißlingens führt Menschen dazu, über Selbsttötung nachzudenken. Es ist eine Vorahnung drohenden Verhängnisses, einer unvermeidlichen Katastrophe, und sie erzeugt eine Gemütsverfassung, in der Selbsttötung an Anziehungskraft gewinnt. Wir können uns buchstäblich einreden, daß ein Mißerfolg sicher ist und der einzige Weg, ihn zu vermeiden, der Suizid.

Aber bitte noch eine Minute. Ich möchte eine Gegenthese aufstellen und behaupten: Jedes Problem kann mehr als eine Lösung haben. Nicht das Fehlen von Problemen macht uns glücklich, sondern das Gefühl der Kraft, diese Probleme zu lösen. Probleme an sich sind nichts Besonderes. Sie sind so häufig wie Regen, und zwar in jeder Jahreszeit. Nicht unsere Probleme bringen uns zur Strecke. Wie wir sie ansehen und angehen, das ist das Entscheidende.

Das Argument persönlicher Macht

Erinnern Sie sich, wie Sie als Kind radfahren lernten? Wie schwierig es war, dieses verrückte mechanische Gerät auf zwei Rädern zu fahren, wenn es doch eigentlich deren vier brauchte? Sie mußten gegen nichts weniger als das Gesetz der Schwerkraft angehen, um oben zu bleiben. Aber was geschah, wenn sie den Versuch nicht aufgaben?

Sicher fielen Sie herunter, schürften sich die Ellbogen auf oder das Knie und lagen bei Ihren ersten Versuchen mehr unten, als Sie oben saßen. Aber allmählich fanden Sie Ihr Gleichgewicht, merkten, daß Sie ordentlich treten mußten, um nicht herunterzufallen, bis Sie wie durch Zauber mit dem komischen Ding ein paar Meter geradeaus fahren konnten, schließlich um den Block oder die Straße hinunter. Und bald, innerhalb weniger Stunden, fühlten Sie sich wie der Herr der Welt und sausten die Straße hinunter, als ob sie Ihnen gehörte.

Nach diesem Gefühl, Herr der Welt zu sein, streben wir bei allem, was wir tun. Es ist das wunderbarste Gefühl, das wir haben können. Es ist Macht, persönliche Macht, man übt Kontrolle aus, man nimmt das Problem in beide Hände und zwingt es, »loslassen« zu schreien. Meiner Meinung nach ist das die erste, beste und einzige Methode, das Gefühl der Hilflosigkeit und Hoffnungslosigkeit zu bekämpfen.

Aber radfahren lernen, das kann jeder, das ist ein Kinderspiel, verglichen mit meinen Problemen, werden Sie sagen.

Das kann schon sein. Aber wenn Sie sich an diesen ersten Augenblick erinnern können, als Sie versuchten, auf den beiden Rädern Ihr Gleichgewicht zu halten, müßten Sie erkennen, daß jenes Gefühl von damals und das von heute gegenüber einem anderen »unüberwindbaren« Problem genau das gleiche ist. Das Gefühl eines drohenden Verhängnisses, das Wissen »aus dem Bauch«, daß »es nicht zu schaffen ist«, und das negative Selbstgespräch, das lautet: »Ich kann es nicht«, all das sollte Ihnen vertraut sein. Dieses Gefühl stellt sich bei den meisten schwierigen Dingen ein, die wir zum erstenmal versuchen, und ich wage zu behaupten, es gehört zum Menschsein.

Aber sollten uns solche Empfindungen aufhalten? Weil wir hinfallen, sollten wir nie versuchen, zu gehen oder radzufahren oder uns zu verlieben? Weil wir vor einem Problem stehen, sollten wir einen Umweg machen oder versuchen, es zu vermeiden, weil wir verletzt werden könnten? Sollten wir wirklich sagen: »Es kann nicht gelöst werden, warum also erst versuchen?«

Wenn sie sich von diesen Gefühlen und Ängsten hätten überwältigen lassen, ehe Sie zum erstenmal versuchten radzufahren, hätten Sie es je gelernt? Natürlich nicht.

Wenn Sie diese Gefühle hätten entscheiden lassen, ob Sie zu einem ersten Rendezvous gehen oder nicht, wären Sie je gegangen? Wahrscheinlich nicht.

Wenn Ihr Lehrer Sie nicht ermutigt hätte, aufzustehen und vor Ihrer Klasse frei zu sprechen, hätten Sie es je getan? Unwahrscheinlich.

Und so ist es mit fast allem, was uns schreckt und was wir zum erstenmal tun müssen. Wir mußten es tun, Sie und ich, *obgleich* wir Angst hatten. Wir mußten handeln! Wir mußten unsere Gefühle beiseite schieben und es tun, ohne Rücksicht auf die Folgen.

Und beim nächstenmal fühlen wir uns schon etwas wohler, und so ging es weiter. Beim zehntenmal sagten wir uns: »Ist doch ganz einfach. Warum hatte ich solche Angst davor?«

Also lautet der letzte Teil meiner Argumentation: Keiner von uns kann es sich leisten, daß unsere Ängste unser Leben regieren. Wenn wir nur auf sie hören, können wir kein Problem lösen, dann ist es einfacher zu fragen: »Warum überhaupt versuchen?« Und wenn wir diese Frage damit beantworten, daß wir keinen Versuch wagen, halten wir dann nicht unseren Fall für hoffnungslos?

Heraus aus der Hoffnungslosigkeit

Nun kommt der schwerere Teil: Wie kommt man heraus aus der Hoffnungslosigkeit?

Meine Mutter war und ist eine unwahrscheinliche Therapeutin. Sie hat eine Theorie, wie man sein Leben leben soll, die sich wahrscheinlich in ihrer Kindheit auf einer Farm in Iowa entwickelte. Sie lautet so: Gleichgültig, was man sonst zu tun hat, irgend etwas sollte man schon vor dem Frühstück vollbringen. Wenn dann die Dinge nicht so laufen sollten, kann man auf alle Fälle schon auf etwas Nützliches zurückblicken, und der Tag war nicht völlig verloren.

Was immer ich auch über die Behandlung von Depressionen und Hoffnungslosigkeit gelesen habe – dieser Rat ist beinahe der Anfang einer Therapie, und wirkungsvoller als vieles, was Professionelle zu dem Thema zu sagen haben. Mutters »Vor dem Frühstück«-Formel hat zwei wichtige Bestandteile:

Man setzt sich zunächst ein kleines Ziel und erreicht es. Das kann eine Wagenwäsche sein oder das Annähen eines fehlenden Knopfes, ein Brief an einen Freund oder die Lektüre eines Kapitels, eigentlich alles, das um Ihrer selbst oder eines anderen willen getan werden sollte. Es muß keinesfalls schwierig oder großartig sein. Es muß einfach getan werden, und man tut es. Erledigt! Geschafft!

Und am Ende des Tages (oder wann immer man das Gefühl hat, in ein schwarzes Loch zu versinken), erinnert man sich an das kleine, aber erreichte Ziel und sagt sich: »Wenigstens das habe ich heute erledigt, und noch dazu mit leerem Magen.«

Diese kleinen Gegenmittel gegen Hoffnungslosigkeit sind nicht zu unterschätzen. Erreicht man nämlich ein kleines Ziel (und kann sich gewissermaßen auf die Schulter klopfen), erhält man etwas Unbezahlbares: das Gefühl der Kontrolle und Leistung. Ich kann nicht genug betonen, wie wichtig diese Gefühle für jeden von uns sind. Und für Sie sind sie besonders wichtig, wenn Sie von Hoffnungslosigkeit übermannt werden. Etwas fertigzubekommen, wenn es auch nur wenig ist, gibt uns ein Gefühl der Stärke zurück.

An manchen Tagen können wir uns nur schwer einreden, irgend etwas, was wir tun, sei überhaupt von Bedeutung. Wenn man in der Zeitung jeden Morgen auf Umweltverschmutzung, Reaktorunfälle, Kriege, Hungersnöte, Schuldenkrise stößt und auch noch liest, daß das, was man gestern noch ungefährdet essen konnte, morgen zu einer Krebserkrankung führen kann, so ist es nur zu natürlich, Hilflosigkeit zu empfinden. Und wenn dann im persönlichen Leben noch etwas schiefläuft, wird man schnell hoffnungslos.

Aber mir geht es nicht darum, ob oder ob nicht die ganze Menschheit sich auf Kollisionskurs befindet, auch nicht darum, ob der Planet unbewohnbar werden wird, wenn wir nicht bald unsere Lebensweise ändern. Ich weiß, daß trotz meines Bemühens, etwas zum Besseren zu verändern, ich doch letzten Endes sehr wenig dazu tun kann, die Marschrichtung der Menschheit und ihr wahrscheinliches Ende zu beeinflussen. Hier geht es vielmehr darum, was Sie und ich in die Hand nehmen können. Was wir essen, was wir arbeiten, wie wir für uns und andere sorgen, was wir tun können, um unser Leben interessanter, lohnender und anspruchsvoller zu machen, und wie wir zu unserem wahren menschlichen Potential vorstoßen – *das* alles interessiert mich. Mit einem Wort: Die Welt braucht mehr Gewinner, nicht Verlierer – geborene oder andere.

Wenn Sie also entschlossen sind, etwas gegen Ihr Gefühl der Hoffnungslosigkeit zu tun, wie könnten Sie vorgehen? Angenommen, Sie wollten keinen Therapeuten aufsuchen, um dort Hilfe zu finden, und Sie seien nicht so depressiv, daß Ihnen der Gedanke, selbst etwas zu unternehmen, an sich schon unmöglich erscheint, dann könnten Sie folgendermaßen vorgehen:

1. Setzen Sie sich für morgen ein kleines Ziel, gleichgültig welches. Putzen Sie das Badezimmer, räumen Sie einen Schrank oder eine Schublade auf, die es nötig haben. Schreiben sie irgend jemand, nehmen Sie eine Generalwäsche Ihres Autos vor. Gehen Sie zum Friseur, putzen Sie das Silber, rufen Sie einen Freund an, der

sich freuen würde, von Ihnen zu hören. Mit einem Wort, setzen Sie sich ein todsicheres Ziel, das Sie unbedingt erreichen können. Es kann etwas sein, das Sie schon hundertmal zuvor gemacht haben.

2. Dann tun Sie es auch morgen. Nicht zögern, nicht verschieben, nicht sich selbst herausreden, einfach tun, und zwar nach der Methode: schlicht und ergreifend. Sie müssen nicht den Kalten Krieg beenden oder dem Hunger in der Welt Einhalt gebieten, oder einen neuen Job oder Freund finden, Sie brauchen einfach nur den Wagen zu waschen.

3. Wenn Sie dann getan haben, was Sie sich vorgenommen hatten, belohnen Sie sich. Nicht morgen, nicht nächste Woche, nein, sofort! Vielleicht haben Sie darin keine Übung mehr, sich selbst etwas Gutes zu tun. Aber genau das ist nötig. Man läßt sich gerne von anderen für gute Taten belohnen, aber vielleicht haben Sie festgestellt, daß Ihre Freunde und Familie sich nicht gerade danach drängen. Also müssen Sie zunächst einmal diesen kleinen Job selbst übernehmen. Es tut kein bißchen weh, vielleicht fühlt man sich zunächst etwas komisch, aber weh tut es nicht.

4. Nun möchte ich, daß Sie sich für die folgenden Tage weiter so kleine Ziele setzen, und zwar immer mehr. Vielleicht blitzt bald das ganze Haus, die Zeitungen sind sortiert und weggeworfen, der Wagen ist gewaschen und gewachst, die Schränke aufgeräumt, der Roman gelesen und Tante Margret angerufen.

5. Am Ende jeden Tages und egal, wie schlecht die Dinge gelaufen sind oder wie elend Sie sich fühlen, bedenken Sie, daß Sie wenigstens eine Sache vollbracht haben, die Sie sich vorgenommen haben. Sagen Sie sich, wenn auch manches schiefgelaufen ist, das eine habe ich wenigstens fertig gekriegt, und das stimmt, und darüber sollten Sie sich freuen.

Wenn Sie mir bis hierher gefolgt sind, werden Sie merken, was ich vorhabe: nichts weniger als eine Therapie gegen Hoffnungslosigkeit. Mit diesen scheinbar unbedeutenden Schritten – nennen Sie sie meinetwegen eine Therapie à la Münchhausen –, *können* Sie einen Teil Ihres Lebens wieder in den Griff bekommen, und das wird Ihr Selbstgefühl stärken, denn Sie werden diese Aufgaben vollbringen. Und niemand kann Ihnen das Gefühl wieder nehmen.

Wichtiger noch, Sie werden wieder überzeugt sein, einer Sache gewachsen zu sein, Ihr Schicksal wieder in die Hand nehmen zu können, und das ist, wie ich es sehe, genauso wichtig für Ihre Gesundheit – körperliche und geistige – wie Nahrung, Wasser, Luft und Liebe.

Dann wird folgendes geschehen: Wenn Sie erst einmal die kleinen Probleme Ihres Lebens in den Griff bekommen, werden die größeren schrumpfen. Nicht, weil sie von selbst kleiner geworden wären, sondern weil Sie nicht mehr die gleiche hilflose, hoffnungslose Person sind wie vorher. Und wenn Sie mit den kleinen Problemen fertig werden, werden die großen folgen.

Es ist gar nicht so kompliziert, und es handelt sich auch nicht um ein neues und unbekanntes psychologisches Phänomen. Schon seit Jahren beschäftigt man sich mit diesem Prozeß. Aber es ist etwas anderes, Menschen zu motivieren, ihr Selbstvertrauen wieder aufzubauen (oder auch nur das Verständnis, wie man sein eigenes Leben in den Griff bekommt), und sie dazu zu bringen, selbst tätig zu werden.

Und hier ist die Herausforderung.

Ehe Sie meine Vorschläge ablehnen, lassen Sie mich Ihre Gedanken bei der Lektüre erraten, z. B.: »Bei ihm klingt das alles so einfach, aber das ist es nicht.« Oder: »Wenn er mich kennte, würde er nicht so dumme Sprüche klopfen.« Oder: »Ein guter Rat für andere, nicht für mich.«

Denn sehen Sie, ich kenne Sie und die eingefahrenen Denkweisen hoffnungsloser Menschen. Die Erfahrungen der letzten Zeit haben negative Gedanken hervorgerufen, ein Denkschema, das tödlich sein kann. Und ich weiß, in wenigen Minuten werden Sie sich einreden, nichts, was ich vorgeschlagen habe, sei wert, versucht zu werden, weil ich schließlich nicht beurteilen könne, wie wahrhaft hoffnungslos Sie sind.

Genau das erwarte ich von Ihnen. Und das ist okay. Fangen Sie an, und tun Sie Ihr Bestes.

Und wenn Sie schließlich doch zu der Meinung gekommen sind, Sie seien nicht imstande, ein kleines selbst gesetztes Ziel zu erreichen, dann überlegen Sie sich bitte folgendes: Sie haben gerade das ganze Kapitel gelesen! Sie haben trotz Ihrer Abneigung diese kleine Aufgabe erfüllt. Ist das nicht ein erreichtes Ziel, daß Sie sich vorgenommen haben? Und da Sie es nun getan haben, ist das nicht der Anfang, Ihr Leben wieder in Griff zu bekommen?

Ihre Antwort muß Ja sein.

Ich will nicht raffiniert sein oder Sie austricksen oder Ihnen einreden, durch das Lesen dieses Kapitels wären Sie schon auf dem Wege heraus aus Ihrem hoffnungslosen Loch. Aber ich will damit sagen: Wenn es auch wenig zu sein scheint, haben Sie doch eine Aufgabe erfüllt, und das ist etwas Positives. Und wenn Sie mir zustimmen, daß das positiv ist, erkennen Sie hoffentlich auch an, daß irgendwo tief in Ihnen ein Körnchen Hoffnung übriggeblieben sein muß. Warum sollten Sie sonst weiterlesen?

Vielleicht interessiert es Sie, daß viele sehr hoffnungslose Menschen, die ich kennengelernt habe, immerhin ihre Therapie-Termine bei mir eingehalten haben. Und ich habe darin immer – auch wenn die Augen eine andere Sprache sprachen und ihre Worte anders klangen – einen Beweis gesehen, daß sie weiter auf ein besseres Morgen hofften.

Und das hoffe ich auch bei Ihnen, da Sie dieses Buch lesen. Ich weiß, wenn Sie sich auch nur den Schatten eines Zweifels zubilligen und etwas Positives unternehmen – es kann winzig, unbedeutend oder bloße Routine sein –, wichtig allein ist, daß Sie es *tun*. Denn wenn Sie anfangen, von sich aus tätig zu sein, werden Sie sich stärker fühlen, stärker denken, stärker handeln und damit die ersten Schritte getan haben, die aus dem Loch der Hoffnungslosigkeit herausführen.

12. Drogen, Alkohol und verhängnisvolle Irrtümer

Wenn Sie nie drogen- oder alkoholabhängig waren und es auch künftig nicht vorhaben, möchten Sie vielleicht dieses Kapitel überspringen. Aber wenn Sie Alkohol und/ oder Drogen zu sich nehmen oder auch ärztlich verschriebene Medikamente (besonders Schlaftabletten, Antidepressiva oder leichte Tranquilizer), dann lesen Sie bitte weiter.

Dieses Kapitel ist deshalb wichtig für Sie, wenn Sie einen der oben erwähnten Stoffe nehmen (besonders Drogen und Alkohol zusammen) und an Suizid denken, weil Sie dann an einem Abgrund entlanggehen, und zwar ohne Geländer.

Aber zunächst möchte ich Sie um etwas bitten: Lesen Sie dieses Kapitel nicht, wenn Sie gerade high oder betrunken sind. Ich habe eine Regel in meinem Sprechzimmer: Ich arbeite nur mit Leuten, die geistig voll da sind, wenn Sie zu einer Beratung kommen. Es ist schwierig genug, uns selbst zu verstehen und neue Wege zu lernen, wie mit dieser Welt zurechtzukommen ist, daß die Sache nicht noch kompliziert werden sollte, indem man high ist. Sie haben dafür bezahlt, daß ich Ihnen meine ganze Aufmerksamkeit zuwende, und ich möchte die Ihre.

Falls Sie also unter dem Einfluß dieser Stoffe stehen, tun Sie sich selbst den Gefallen, dieses Buch wegzulegen. Nehmen Sie es wieder zur Hand, wenn Ihr Kopf klar ist. (Wenn Sie verschriebene Medikamente nehmen, okay. Darüber werde ich später noch sprechen.)

Gut, nun sind also zwei schlaue Köpfe beim gleichen Thema.

Sie kennen bestimmt die phantastische Wirkung von Drogen und Alkohol, sonst würden Sie sie wahrscheinlich nicht verwenden. Sie beeinflussen unsere Stimmung in ungeahnter Weise wie sonst nichts anderes. Wir können sie essen, rauchen, trinken, schnupfen oder in unsere Venen schießen, und die Wirkung grenzt ans Wunderbare, und zwar erreichen wir das in Sekunden oder Minuten. Mit einer genügend hohen Dosis werden wir zu Göttern. Wir können schweben, lachen, die Depressionen zum Teufel jagen, fühlen uns in Gesellschaft wohl, weil uns nichts mehr verletzen kann. Mit einer genügend hohen Dosis fragen wir uns: »Warum soll ich mich je wieder schlecht fühlen?«

Ich ahne, daß Sie denken, es werde wieder die alte Predigt auf Sie losgelassen: Drogen seien schlecht und gefährlich, Alkohol sei tödlich, und ich würde gleich als Sonntagsredner gegen das Übel des Substanzmißbrauchs wettern und Ihnen erzählen, wenn Sie die Gefährlichkeit dieser Stoffe erkennten, würden Sie auf der Stelle aufhören, sie zu nehmen.

Ich werde Sie enttäuschen und noch nicht einmal so tun, als könnte ich Ihnen den Gebrauch von Drogen oder Alkohol in einem solchen Buch ausreden. Denn leider weiß ich es besser, es ist unmöglich. Seit über zwanzig Jahren arbeite ich auf diesem Gebiet, und wenn es eine schnelle Heilmethode für Leute gäbe, die durch Drogen Erleichterung finden und ihren Problemen entkommen können, hätte ich sie schon längst erfunden und patentieren lassen. Vor vielen Jahren habe ich erkennen müssen, daß, verglichen mit Drogen, Alkohol und Sex, das Angebot eines Therapeuten eine ziemlich dünne Suppe ist.

Das soll nicht heißen, eine Behandlung habe gar keinen Erfolg. Aber im Augenblick mache ich mir größere Sorgen um Sie deswegen, weil offensichtlich zwei gefährliche Prozesse in Ihrem Körper zusammenkommen: Gedanken an Selbsttötung plus Alkohol oder Drogen.

Ich möchte also mit Ihnen über Drogen, Alkohol und verhängnisvolle Irrtümer sprechen und setze voraus, Sie denken an Suizid und nehmen gleichzeitig Drogen oder trinken. Und wenn Sie unter diesem Einfluß stehen, werden Sie wahrscheinlich noch intensiver darüber nachdenken, ob Sie Ihrem Leben ein Ende machen sollen. Oder wenn Sie high gewesen sind und die Wirkung nachläßt, spricht Sie der Gedanke an Suizid noch mehr an, verglichen mit der vorraussehbaren Übelkeit oder einen Kater.

Diese Vermutungen beruhen auf Aussagen von Patienten.

»Wenn ich langsam betrunken werde«, sagte Charles, »fühle ich mich zuerst richtig gut, so drei Meter groß, alle Probleme meines Lebens erscheinen klein und weit weg. Aber dann, im Laufe des

Abends, wenn der Rausch nachläßt, beginne ich zu stürzen. Und dann kehren die Suizidgedanken zurück.«

George saß auf seinem Krankenhausbett, und ich sprach mit ihm über seinen Selbstmordversuch. Er hatte sich einen angetrunken, hatte sich glücklich gefühlt, dann traurig und dann wütend, vor allem auf sich selbst, daß er sich wieder betrunken hatte.

»Was ging Ihnen durch den Kopf, ehe Sie das Messer nahmen?« fragte ich.

»Ich dachte, ich glaube, ich dachte, zum Teufel, es wird nie besser werden. Ich kann noch nicht einmal nüchtern bleiben.«

»Erinnern Sie sich an die letzten Worte, die Sie sich sagten?« fragte ich.

George dachte einen Augenblick nach. »Ich glaube, sie waren ›Verdammt noch mal‹«, sagte er.

Verdammt noch mal! Was soll's! Nichts wird je besser, warum also versuchen. So negativ denkt man, wenn man high ist oder wieder abfällt. Es sind die gleichen Gedanken, die ihnen durch den Kopf gehen, ehe sie versuchen, sich zu töten.

»Waren Sie betrunken, als Sie das Messer holten?«

»Natürlich«, sagte George.

»Hätten Sie sich die Klinge in Ihr Handgelenk gestoßen, wenn Sie stocknüchtern gewesen wären?«

George schauderte. »Verdammt, nein! Es hätte zu weh getan.«

Da ich viele Leute wie George gekannt habe, war ich überzeugt, er würde nie versuchen, sich umzubringen, wenn er nüchtern war, sosehr er es sich vielleicht auch wünschte. Und er stimmte mir zu, er müsse sich vollaufen lassen, ehe er es versuchte. Er sagte: »Ich kann mir nicht vorstellen, wie jemand sich töten kann, wenn er nicht betrunken ist. Es tut zu weh.«

Die Lösung für Selbstmordkandidaten, die immer wieder mit Pillen, Messern und Revolvern herumhantieren und sich töten wollen, ist meiner Meinung nach die, wieder Ordnung in ihr Leben zu bekommen und clean zu bleiben. Ich weiß, das klingt simpel, aber über Jahre hinweg habe ich Menschen getroffen, die *nur* im Rausch an Suizid dachten, nur wenn sie unter dem Einfluß irgendeiner Droge standen. (Übrigens benutze ich die Bezeichnungen Alkohol und Drogen wechselweise, weil es sich bei beiden um Drogen handelt.)

Aus Erzählungen von Leuten wie George weiß ich, auf welche Gedanken man kommt, wenn man high ist. Wenn sie gut drauf sind, geht es ihnen mit Drogen oft noch besser, bei schlechter Stimmung schlechter. Und bei zuviel Drogen oder Alkohol ist es oft schwer vorhersehbar, in welcher Verfassung man sich hinterher befindet, es können durchaus auch Suizidgedanken dazugehören.

Zwei Dinge passieren, wenn man volltrunken ist. Einmal sind wir nicht mehr Herr unserer Gedanken und Handlungen, und zum anderen schrecken uns Dinge nicht mehr wie noch kurz zuvor. Alkohol ist ein Lösungsmittel, u. a. verflüchtigt sich die Angst. Obgleich dieser chemisch bedingte Mut sich nur so lange hält wie der Alkohol in unserem Blut, ist er doch in dieser Zeit sehr wirksam. Ein schüchterner junger Mann pflegte drei oder vier Bier hinunterzuschütten, ehe er zum Tanzen ging, und sagte mir: »Wozu glauben Sie, brauche ich diesen Stoff?«

Könnten wir unseren Ängsten stocknüchtern ins Gesicht blicken, brauchten viele von uns wahrscheinlich keinen Alkohol oder keine Drogen. Aber Angst bleibt Angst. Und da auf diese Stoffe Verlaß ist, haben Sie vielleicht die gefährliche Angewohnheit entwickelt, zu trinken oder sich zu betäuben, um mit dieser Angst in Ihrem Leben fertig zu werden. Und wenn wir über unseren eigenen Tod nachgedacht haben (die beängstigendste Aussicht, die es gibt), so ist klar, daß ein Griff nach der Droge oder der Flasche hilft, denn eines ist sicher, das funktioniert *immer*.

Aber hier beginnt die Gefahr. Wenn Sie Drogen oder Alkohol benutzen, um besserer Stimmung zu werden, und gerade diese bessere Laune Sie vermehrt an Suizid denken läßt, dann ist doch logisch, daß Sie unter Drogeneinfluß eher etwas tun, wovor Sie sonst Angst hätten, nämlich versuchen, sich das Leben zu nehmen.

Die Forschung ist auf diesem Gebiet übrigens eindeutig: Leute die trinken und Drogen nehmen, haben ein höheres Selbstmordrisiko als andere. Ob Drogen und Alkohol direkt zum Suizid führen, oder es selbstmordgefährdeten Menschen nur erleichtern, ihre Pläne auszuführen, ist mir im Augenblick nicht so wichtig. Das sollen die Wissenschaftler herausfinden. Wir beide sollten wissen, daß Gedanken an Suizid unter Drogeneinfluß Ihre eigenen Überlebenschancen sehr verringern.

Hier eine andere Möglichkeit, darüber nachzudenken:

Würden Sie, stocknüchtern, jemand helfen, der durch Drogen high ist, eine tödliche Dosis Heroin zu spritzen? Könnten Sie bei vollem Verstand einer offensichtlich depressiven und betrunkenen Frau eine Rasierklinge geben, mit der sie sich töten könnte? Würden Sie bei klarem Kopf eine wütende und untröstliche Freundin, die sternhagelvoll ist, in ihr Auto steigen und nach Hause fahren lassen? Natürlich nicht. Sie würden sagen: »He, beruhige dich! Spiel nicht verrückt! Tu nicht etwas, das du bereuen wirst.«

Kurz gesagt: Vorausgesetzt, Sie selbst sind nicht betrunken, würden Sie alles in Ihrer Kraft Liegende tun, um einen betrunkenen Freund oder Fremden, der von Selbsttötung redet, daran zu hindern. Warum? Weil Sie wissen, daß diese Menschen, wenn sie nüchtern oder von ihrem schlechten Trip zurück sind, sich wahrscheinlich nicht töten wollten.

Sie brauchen kein Arzt zu sein, um zu wissen, daß man unter Rauschmitteleinfluß nicht voll zurechnungsfähig ist und nicht mehr weiß, was man tut. Und wie soll man in einem solchen Zustand entscheiden, ob man leben oder sterben will?

Wenn Sie also einen Fremden, der high ist, hinderten, sich umzubringen, warum wollen Sie dann unter den gleichen Umständen mit dem Gedanken an Suizid spielen? Warum wollen Sie sich nicht die gleiche Chance geben, mit einem klaren Kopf die Dinge noch einmal zu überdenken?

Verhängnisvolle Irrtümer

Als nächstes möchte ich mit Ihnen in diesem Kapitel noch über verhängnisvolle Irrtümer sprechen. Sogar nüchtern und drogenfrei macht man Fehler, auch tödliche. Wenn wir z.B. unaufmerksam vor einem LKW nach links abbiegen oder an der flachen Stelle in einen Swimmingpool springen, hätte unser letztes Stündlein geschlagen.

Aber hier handelt es sich um verhängnisvolle Fehler, die wir, weil wir nüchtern sind, irgendwie vermeiden können. Vielleicht haben wir dabei sogar an Suizid gedacht, aber es doch nicht darauf angelegt. Durchaus nicht.

Wenn nun aber noch Alkohol oder Drogen und Suizidgedanken

zu den Gefahren des täglichen Lebens kommen, wir uns z. B. betrunken ans Steuer setzen, dann sollte es keine Überraschung sein, in einem schnellen Wagen in eine Lage zu kommen, die für einen verhängnisvollen Fehler wie geschaffen ist. (Und keinem von uns anderen Verkehrsteilnehmern tun Sie damit einen großen Gefallen.)

Außerdem gibt es noch die tödlichen Irrtümer, die dadurch entstehen, daß man einfach Drogen und Alkohol mischt. Alkohol zusammen mit anderen Rauschmitteln kann tödlich sein. Ohne weiter auf eine komplizierte Erklärung über gegenseitige Tolerierung und Potenzierung von Drogen und Alkohol einzugehen, müssen Sie einfach wissen, daß sich in Ihrem Körper, wenn Drogen und Alkohol zusammenkommen, eine neue chemische Formel entwickelt, und diese Version kann Sie umbringen, obwohl Sie das vielleicht nicht beabsichtigt haben.

Diese neue Formel wirkt so: eine Unze Alkohol plus einer Dosis irgendeiner Droge wirkt nicht wie zwei Unzen, weit gefehlt. Eine Droge plus einen Drink kann die vier-, fünf- oder sogar sechsfache Wirkung haben. Mit anderen Worten, Alkohol und Drogen verstärken einander. Das gilt auch für verordnete Medikamente und besonders für Schlaftabletten.

Eines Abends im Jahre 1974 trank ein zwanzigjähriges Mädchen einige Gin Tonics und schluckte ein paar Tabletten. In ihrem Körper entwickelte sich eine neue Formel, und sie verfiel in ein Koma, das länger als zehn Jahre dauerte. Sie hieß Karen Ann Quinlan.

Diese Kombination von Drogen und Alkohol führt zu mehr als hundert Todesfällen jährlich, und es ist nicht immer sicher, ob der, der sie einnahm, wirklich sterben wollte. Dazu gehören Stars wie Judy Garland, Marilyn Monroe und Elvis Presley. Und auf jeden dieser berühmten Namen kommen tausend weitere, die nur im Sterberegister ihrer Lokalzeitung erwähnt werden.

Wenn man Drogen und Alkohol mischt oder auch nur Sedativa oder Tranquilizer nimmt, verliert man unter der Wirkung der Droge leicht die Übersicht, wie viele Tabletten man genommen hat, da vor allem das Kurzzeitgedächtnis betroffen ist. Ich weiß nicht, wie es Ihnen geht, aber mir macht es Mühe, mich zu erinnern, ob und wann ich die verschriebene Dosis regelmäßig genommen habe, vor allem, wenn es sich um mehrere Medikamente handelt. Wenn ich dazu noch Alkohol tränke, würde ich letzten Endes kränker sein als am Anfang.

Aber vor allem möchte ich folgendes unterstreichen: Wenn Sie über Selbsttötung nachdenken, sollten Sie es zumindest mit klarem Kopf tun. Es ist zu bequem, in einer Depression zu versinken, sich zu betrinken oder zu betäuben, in Phantasien über die scheinbar leichte Lösung eines Suizids zu schwelgen, und weil Sie den Verstand abgeschaltet und sich Ihren Ängsten überlassen haben, die Dinge nicht mehr richtig abwägen zu können und daher »versehentlich« an einer Überdosis zu sterben – vielleicht durch einen Irrtum.

Ich weiß, wogegen Sie mit Drogen und Alkohol angehen. Ich kenne sie als wunderbares Heilmittel gegen gedrückte Stimmung, das schneller wirkt als andere Lösungen und fast alles auflösen kann: Wut, Depression, Schmerz, ein gebrochenes Herz, einfach alles, was weh tut. Und ich weiß: Drogenfrei werden, das ist kein Frühstücksjob.

Aber ich weiß auch, daß Sie drogenfrei werden *können*. Es braucht einige Zeit, es braucht Hilfe und viel Kraft und Mut. Aber es ist zu schaffen.

13. Ihr Tod macht Sie auch nicht liebenswerter

Wenn Sie zur Zeit nicht bei Ihren Eltern leben, brauchen Sie dieses Kapitel eigentlich nicht zu lesen. Ich wende mich jetzt in erster Linie an junge Leute, die noch zu Hause wohnen, und zwar weil sie sich in vieler Hinsicht gefangen und eingeschlossen fühlen, vielleicht hoffnungsloser als die, die draußen ihr eigenes Leben leben.

Auch auf die Gefahr hin, daß Eltern dieses Kapitel lesen und gekränkt sind, werde ich doch sagen, was ich zu sagen habe, und mich nicht um die Konsequenzen kümmern. Denn ich schreibe dieses Buch aus der Verpflichtung dem gegenüber, der daran denkt, sich das Leben zu nehmen, und nicht für andere.

Wie schon erwähnt, kann ich Ihr Problem nicht kennen und auch nicht Ihre Eltern, aber ein bißchen weiß ich doch über Familien Bescheid, auch über solche, in denen jemand über Suizid nachzudenken beginnt.

Zunächst sei festgestellt, daß unsere Familien als ein sicherer Hort gelten, wo wir geliebt und geachtet werden. Wenn alle Welt gegen uns ist, wir Mißerfolge haben, herumgestoßen oder bedroht werden, sollten wir in unseren Familien Unterstützung und Verständnis finden, sie sollen ein Hafen im Sturm sein, der sichere Ort, wenn wir nicht wissen, wohin wir uns wenden können. Nun ja, man weiß, daß das nicht notwendigerweise so sein muß.

Ein Junge, den ich kannte, versuchte, sich zu erhängen. Der Strick riß, und es gelang ihm nicht. Als sein Vater das hörte, sagte er: »Verdammt, noch nicht einmal das bringt er fertig!«

Eine Mutter brachte ihre Tochter in die Notaufnahme, nachdem das Mädchen einige Dutzend Aspirintabletten genommen hatte, um zu sterben.

»Sie wollte es eigentlich nicht«, sagte sie dem Arzt. »Es war ein Versehen. Sie wußte einfach nicht, was sie tat, bestimmt wollte sie sich kein Leid antun. Keine Angst, wenn sie wieder zu Hause ist, werde ich aufpassen, daß sie es nicht noch einmal versucht. Der Himmel weiß, dazu haben wir sie nicht erzogen! Ich werde sie einen Monat lang festsetzen.«

Sind das liebende Eltern? Wahrscheinlich. Wissen sie, was sie mit ihrem selbstmordgefährdeten Kind tun sollen? Wahrscheinlich nicht.

Die Eltern waren wohl erschüttert, aber sie taten etwas, was Eltern oft tun, wenn sie zu Tode erschrocken sind: Sie beschuldigen das Opfer. Das kommt immer wieder vor. Und wenn man denkt, ein Selbstmordversuch verschaffe einem liebevolle Eltern, könnte man sich täuschen. Sie werden Ihnen ihre Aufmerksamkeit zuwenden und erkennen, daß irgend etwas nicht stimmt, aber in den meisten Fällen wird diese Einsicht lauten, mit *Ihnen* stimme etwas nicht, nicht etwa mit ihnen selbst.

Eltern sind nicht vollkommen

Ich glaube einfach, einige Erwachsene wissen nicht, wie sie gute und liebevolle Eltern sein können. Vielleicht waren ihre Eltern auch nicht gerade liebevoll, und sie hatten nie die Chance, zu erfahren, wie sich gute Eltern verhalten. Es gibt keine Schulen, auf denen man das lernt. Die meisten strengen sich an, aber seien wir ehrlich, nicht alle bekommen gute Noten in bezug auf ihre Kindererziehung.

Also lassen sie uns etwas über Eltern sprechen.

Obgleich sie zunächst die wichtigsten Menschen in unserem Leben sind, bleiben sie es nicht. Früher oder später werden wir sie immer weniger brauchen. Wenn wir heranwachsen, werden Freunde immer wichtiger, bis wir uns eines Tages in jemand verlieben, fortgehen und eine eigene Familie gründen. Unsere Familie ist die Startlinie im Leben, aber nicht die Ziellinie. Und manchmal ist es nützlich, sich zu erinnern, daß sie zwar unsere Eltern sind, wir sie uns aber nicht ausgesucht haben.

Unerfahrene Eltern

Ich habe viele Väter und Mütter getroffen, die von ihrem Alter einmal abgesehen, nicht viel älter als ihre Kinder waren. Emotional waren sie noch Teenager. Sie handelten unreif und egozentrisch und stellten im allgemeinen ihre Bedürfnisse über die ihrer Kinder. Und wenn die Kinder Liebe und Verständnis brauchten, konnten sie das einfach nicht geben, oder wußten nicht wie.

Man könnte also zumindest darüber nachdenken, ob Ihre Eltern überhaupt wissen, was Sie brauchen, und wenn ja, ob sie es Ihnen geben können.

Manchmal waren unsere Eltern selbst noch Kinder, als sie uns bekamen. Sie hatten Träume, Pläne und Hoffnungen für ihr Leben, und aus vielen Gründen konnten sie sie nie verwirklichen. Also sind sie frustriert. Sie und Ihre Geschwister erschienen nacheinander, und ehe sie es richtig begriffen, hatten sie eine Familie und dazu Rechnungen und Verpflichtungen, und ihre Träume, deren Erfüllung sie sich so sehr wünschten, begannen zu schwinden.

So traurig es auch ist: Es gibt Eltern, die ihre Kinder für ihre eigene Unzufriedenheit verantwortlich machen. Sie sagen: »Wenn ich dich nicht bekommen hätte, könnte ich...« Sie können selbst den Satz ergänzen. Selbstverständlich ist das eine schwere Belastung und noch dazu unfair. Ich persönlich bin der Ansicht, daß jeder von uns zum großen Teil für seine eigene Zufriedenheit zuständig ist. Und wenn wir unsere Träume nicht verwirklichen und versuchen, unsere Zukunft in die Hand zu nehmen, können wir niemand anderen dafür verantwortlich machen als uns selbst. Und es ist weder richtig noch fair, unsere Kinder für unsere eigenen Mängel zu tadeln. Aber genau das tun Eltern.

Sie sollen jedoch wissen, daß Sie Vorwürfe Ihrer Eltern, Sie seien schuld an ihrem trostlosen Leben und verantwortlich für ihre Unzufriedenheit nicht zu akzeptieren brauchen.

Denn was sollten Sie auch dagegen tun? Weglaufen? Nicht mehr essen und sich kleiden? Einfach abhauen? Wenn Sie derjenige sind, der sie von ihren Träumen abhält und sie unglücklich macht, dann kommen Sie womöglich auf den Gedanken, sie von der Bürde (nämlich von Ihnen) zu befreien und sich selbst zu töten.

Vielleicht haben Sie gedacht: »Wenn ich mich tötete, könnte

meine Mutter glücklich sein, wieder auf die Schule gehen und alles das machen, was sie gerne möchte. Ich bin bloß im Wege.«

Wenn ich Ihnen nun aber sagte, die Zufriedenheit Ihrer Mutter sei deren Angelegenheit, nicht Ihre? Wenn ich Ihnen sagte, selbst wenn Sie sich das Leben nähmen, würde sie wahrscheinlich nicht glücklich, sondern eher unglücklich, weil nun zu den Mißerfolgen, die sie hatte, Ihr Selbstmordversuch noch das Scheitern als Mutter hinzufügte.

Sogar wenn Eltern manchmal so reden, als ob Sie eine Last wären, so heißt das nicht, daß sie plötzlich erwachsen würden und sich für ihre Zufriedenheit selbst verantwortlich fühlten, wenn Sie abtreten. Und ich möchte wetten, nach Ihrem Suizid würden sie einfach jemand anderen dafür verantwortlich machen, daß ihre Träume sich nicht erfüllten.

Sich töten, um den Eltern nicht mehr im Wege zu stehen, ist keine Lösung für deren Unzufriedenheit. Die ist *ihr* Problem, nicht das Ihre.

Wütende Eltern

Mangel an Liebe und Verständnis unreifer Eltern ist ein Schmerz, mit dem ein Kind manchmal leben muß, aber es gibt noch Schlimmeres. Manchmal sind Eltern wütend und gereizt und streiten sich öffentlich, sie scheinen miteinander Krieg zu führen, und vielleicht schlagen sie sich. Sie werfen einander Schimpfworte an den Kopf und fluchen, drohen vielleicht sogar, sich gegenseitig umzubringen, oder drohen mit Selbstmord, um sich an dem anderen zu rächen. Ein Kind ist in einer solch gewalttätigen Familie schlecht dran, und es ist durchaus verständlich, daß es darüber nachzudenken beginnt, wie es aus dem Kriegsgebiet durch Selbsttötung entfliehen kann.

Es ist sehr schwer, in solchen Familien aufzuwachsen. Oft wollen solche Eltern gar nicht, daß man erwachsen wird. Manchmal wird man Sie auch als Puffer in der Mitte brauchen, um die Kämpfe abzublocken. Vielleicht wendet sich der Vater an Sie, damit Sie auf seiner Seite gegen die Mutter stehen. Oder umgekehrt. Das sind schreckliche Entscheidungen und niemand sollte dazu gezwungen werden, aber das ändert nichts an der Lage. Falls Sie in einer solchen Familie stecken und über Suizid nachdenken, sollten Sie wissen, daß Sie nicht allein sind. Immer wieder denken Jugendliche aus solchen Familien an Selbsttötung als einen Ausweg.

Sehr oft sagt auch ein Elternteil: »Wenn die Kinder nicht wären, ginge ich.« Oder: »Wenn es nicht um die verdammten Kinder gegangen wäre, hätte ich dich schon vor Jahren verlassen.«

Wenn Sie das hören, was denken Sie dann? Sie denken, Sie stünden ihren Wünschen im Wege, Sie seien eine Fessel und beginnen sich wie ein fünftes Rad oder ein dritter Daumen zu fühlen und darüber nachzudenken, was Sie tun könnten, um *ihre* Probleme zu lösen.

Aus gutem Grund nehmen dann viele Kinder oder Jugendliche an, sie wären die Ursache der elterlichen Probleme, und wenn sie einfach die Szene verließen, würden die Eltern glücklich werden und sich wieder lieben. Und was schlimmer ist, die Eltern lassen solche Gedanken zu.

Sharon war siebzehn Jahre alt. Sie wurde von ihren Eltern zu mir geschickt, weil sie Schulprobleme hatte. Sie war auch überängstlich und konnte sich nicht konzentrieren. Sie war immer eine gute Schülerin, aber sie hatte drei Klassen nicht geschafft. Sie konnte schlecht einschlafen. Als letztes Kind von dreien war nur noch sie zu Hause. Weil ihre Probleme schlimmer zu werden schienen, war ihr der Gedanke gekommen, sie sollte sich vielleicht töten.

»Warum denkst du das?« fragte ich sie.

»Weil damit alles gelöst wäre.«

»Was alles?«

»Alles.«

»Zum Beispiel?«

»Ich könnte weggehen«, sagte Sharon, »weg für immer.«

»Wovon weg?«

»Von der Schule, von zu Hause.«

Ich wußte, Sharon war eine gute Schülerin. Sie hatte gern Sport getrieben und gehörte zum Debattier-Team. Sie war immer gern in die Schule gegangen. »Erzähl mir, wie es zu Hause ist«, schlug ich ihr vor.

Sharon begann zu weinen.

Dann erzählte sie mir die Geschichte. Ihr Vater hatte ein Verhältnis mit einer anderen Frau gehabt, ungefähr vor drei Monaten hatte ihre Mutter es herausgefunden. Sie hatten sich schrecklich gezankt, zwar nicht geschlagen, aber die Mutter hatte gedroht, sich zu töten, wenn der Vater sich weiter mit der anderen Frau treffen würde. Sharon hatte eines Nachts diesen Streit mit angehört. Sie hörte ihre Mutter sagen: »Wenn Sharon nicht wäre, würde ich mich umbringen.« Und ihr Vater hatte geantwortet: »Laß dich dadurch nicht abhalten!« Und die Mutter hatte gesagt: »Ich werde es nicht sofort tun, sondern erst, wenn sie auf dem College ist.«

Aber vor Sharon taten die Eltern, als ob alles in Ordnung wäre. Sie führten ihr Familienleben weiter und gaben vor, alles liefe wie gewohnt, aber das stimmte natürlich nicht. Sharon, die ein liebes Kind war und nichts sehnlicher wollte als das Glück ihrer Eltern, tat, was jedes Kind täte: Sie begann darüber nachzudenken, was sie tun könnte, damit die Mutter am Leben bliebe.

Zum einen beschloß sie, nicht ins College zu gehen, denn angeblich würde sich ihre Mutter nicht umbringen, solange sie zu Hause bliebe. Damit machte sie sich zum Gefangenen. Das einzige, was sie tun konnte war, ihr Glück, ihre Zukunft und ihr Leben zu opfern. Aber der Plan funktionierte nicht, und deswegen begann sie, an Selbstmord zu denken.

Ich fragte Sharon, was sie als Hauptfach am College studieren wollte.

»Psychologie«, sagte sie und lächelte, »ich glaube, ich will ihnen helfen.«

»Du hilfst ihnen jetzt schon«, sagte ich. »Du wirst bloß noch nicht dafür bezahlt.«

Ich wußte, ich hatte den falschen Patienten in meinem Sprechzimmer und sagte das Sharon. Dann bat ich ihre Eltern zu mir. Mit der Zeit konnten wir alles aufarbeiten, und die Familie blieb zusammen. Im nächsten Jahr ging Sharon ins College, und keiner mußte sich töten.

Erpicht auf Aufmerksamkeit

Margie war achtzehn, als ich sie kennenlernte. Sie war hübsch und klein und hatte lange blonde Haare. Obgleich es Sommer war, trug sie eine langärmelige Bluse. Sie mußte immer lange Ärmel tragen, denn die sollten die Narben an ihren Handgelenken verdecken.

Die meiste Zeit ihres jungen Lebens war Margie unglücklich gewesen. Ihre Mutter hatte sich von dem Vater scheiden lassen, als sie zehn Jahre alt war, und wie viele alleinstehende Eltern hatte sich die Mutter mit anderen Männern getroffen in der Hoffnung, jemand zu finden, mit dem sie ihr Leben teilen konnte. Aber die Suche war erfolglos geblieben, und auch sie war unglücklich. Sie begann zu trinken und verbrachte die Wochenenden auswärts mit ihren Bekannten. Margie wurde allein gelassen, fühlte sich vernachlässigt, übergangen und begann, sich zu fragen, ob ihre Mutter sie wirklich liebte und nicht vielleicht eher einen Ehemann finden würde, wenn sie, Margie, nicht da wäre.

»Zum erstenmal schnitt ich mir die Pulsadern an einem Sonntagmorgen auf«, sagte sie. »Ich war ungefähr fünf Jahre alt. Mutter war seit Freitag abend weg, und ich wußte nicht, wo sie war. Als sie schließlich nach Hause kam, fand sie mich blutend vor.«

»Was geschah dann?« fragte ich.

»Sie war sehr aufgeregt. Sie weinte und sagte, sie liebe mich und würde mich nie mehr allein lassen.«

»Und?«

»Es hielt nur ein paar Wochen an. Sie kaufte mir ein paar neue Kleider und ging mit mir Pizza essen. Aber dann begann sie wieder auszugehen und über die Wochenenden wegzubleiben.«

»Was wollten Sie erreichen, als Sie sich die Pulsadern aufschnitten?«

»Ich weiß nicht«, sagte Margie, »wahrscheinlich hoffte ich, sie würde bei mir zu Hause bleiben oder sich mehr um mich kümmern. Aber sie ist so mit sich selbst beschäftigt, es ist, als ob ich nicht existierte.«

»Wollten Sie sterben?«

Margie dachte einen Augenblick nach. »Ich glaube ja, zumindest wollte ich nicht länger leben.«

Margie hatte sich die Pulsadern mehrmals aufgeschnitten, jedesmal ein bißchen tiefer und ein bißchen entschlossener. Und jedesmal, wenn ihre Mutter nach Hause kam und sie blutend vorfand, gab es Umarmungen und Küsse und Versprechen, daß alles besser werden würde. Aber diese Versprechen hielten nicht vor.

Margie und ihre Mutter waren in einem selbstmörderischen Spiel gefangen, einem Spiel, in dem eine Partei drohen mußte, sich zu töten, um die Aufmerksamkeit und ehrliche Zuwendung der anderen zu erhalten.

Das ist ein gefährliches Spiel, in dem es nie Gewinner gibt, letzten Endes verliert jeder. Ich weiß nicht, warum Eltern so mit ihrem eigenen Leben beschäftigt sind, um ein Kind, das Zuwendung und Liebe braucht, Zeit und Verständnis, so völlig zu übersehen. Aber es gibt sie, und sollten Sie solche Eltern haben, dann denken Sie daran, daß Sie nicht allein sind. Und vielleicht versuchen Sie, tolerant und verständnisvoll zu sein, mit einem Wort, der Reifere.

Der Gedanke, nicht geliebt zu werden

Ich kann nicht wissen, ob Ihre Eltern Sie wirklich tief und innig lieben. Vielleicht wissen Sie es selbst auch nicht. Aller Wahrscheinlichkeit nach tun sie es. Aber eines weiß ich: Die Drohung, sich das Leben zu nehmen oder einen Suizidversuch zu machen, wird Ihnen keinen Beweis ihrer Liebe bringen, vielleicht eine gewisse Aufmerksamkeit. Ja, ein Selbstmordversuch wird ihnen die Augen öffnen, daß etwas nicht stimmt, wird aber nicht notwendigerweise zu dauerhaften Veränderungen führen. Und da liegt ein großes Risiko.

Es ist durchaus möglich, daß Ihre Eltern Sie nach einem Suizidversuch weniger und nicht mehr lieben. Wenn der Versuch mißlingt, werden sie böse auf Sie sein, vielleicht Angst vor Ihnen haben und Sie nicht mehr allein lassen aus Furcht, Sie könnten es noch einmal versuchen. Und da bin ich sicher, sie werden Ihnen die Art und Weise nachtragen, wie Sie versucht haben, sie zu Gefangenen zu machen.

Gefangene? Ja.

Wenn man versucht, sich zu töten, um Zuwendung eines anderen zu bekommen und Liebesbeteuerungen zu hören, dann hat man die stärkste Waffe, die zur Verfügung steht, eingesetzt – und diese Waffe ist das Leben. Wenn Sie sterben wollen, um zu bekommen, was Sie wollen, dann besteht die Chance, *etwas* davon zu bekommen, nämlich Aufmerksamkeit. Man wird Ihnen zuhören, nicht weil man plötzlich entdeckt hat, daß man Sie liebt, sondern weil man Angst hat, Sie zu verlieren oder seinen Ruf aufs Spiel zu setzen, wenn Sie sich töten.

Was haben Sie also im Grunde getan? Haben Sie nicht gesagt: »Wenn ihr mich nicht lieben wollt, bringe ich mich um«?

Jeder, dem das angetan wird, wird sich bedroht und gefangen fühlen wie in einer Falle. Sie müssen den Eindruck haben, wenn sie nicht tun, was Sie von ihnen verlangen, werden Sie sich töten, und sie werden dafür verantwortlich sein. Es ist ein seelisches Gefängnis, aber die Gitterstäbe sind echt.

Wenn Sie je Ihre Eltern (oder jemand anders) in ein solches Gefängnis gesteckt haben, können Sie sicher sein, daß man Sie verabscheuen, vielleicht sogar hassen wird, ohne es offen zuzugeben. Niemand läßt sich gerne beherrschen, und Sie tun das durch Ihre Todesdrohung.

Vor kurzer Zeit hörte ich von einem Jungen, dessen Mutter drohte, wegzugehen und sich scheiden zu lassen. Der Junge erklärte seiner Mutter, wenn sie das täte, würde er sich umbringen. Er sagte das mehrmals. Und jedesmal wurde die Mutter in ihrem Entschluß, wegzugehen, schwankend. Als er schließlich wieder einmal damit drohte, wurde sie wütend und schrie ihn an: »Hör endlich auf, davon zu reden, sondern tu es! Ich werde meinen Entschluß nicht ändern.«

Der Junge tötete sich noch in der gleichen Nacht.

Das Ende dieser Geschichte ist kein glückliches. Gleich nach der Beerdigung zog die Mutter aus, wie sie es geplant hatte.

Ich möchte mit dieser Geschichte nur folgendes sagen: Unabhängig von der Liebe und dem Verständnis Ihrer Eltern, die Sie so nötig brauchen – durch eine Selbstmorddrohung werden Sie sie nicht bekommen, die Lage kann sogar noch schlimmer dadurch werden. Und zweitens, falls Sie glauben, damit die Ehe Ihrer Eltern zu retten, machen Sie einen großen und schwerwiegenden Fehler. Vielleicht brauchen sie Hilfe, aber Ihr Tod ist diese Hilfe nicht.

Als letztes möchte ich Ihnen noch sagen, daß manche Familien sogar erwarten, daß Sie sich das Leben nehmen. Ihre Eltern sagen vielleicht nicht direkt: »Warum bringst du dich nicht einfach um?« Aber ihr Verhalten kann doch den Eindruck erwecken, daß es der Familie nicht schlechter gehen würde, wenn Sie nicht mehr da wären.

Ich weiß, daß klingt unwahrscheinlich, aber ich habe es mehr als einmal erlebt.

Tom war elf Jahre alt, als sein Onkel John sich selbst tötete. Es war eine Familientragödie und beeindruckte ihn sehr. Später, als Tom auf der Oberschule war, machte ihm sein Vater Vorwürfe wegen schlechter Noten. »Du bist ein Verlierer genau wie dein Onkel John«, sagte der Vater, »und du weißt, was er tat.«

Gekränkt und bedrückt hörte Tom nur heraus, es sei besser, sich umzubringen, als in der Schule zu versagen. Und wenn er es auch nicht versuchte, so verging doch kein Tag, an dem er nicht daran dachte.

Ich weiß nicht, ob Toms Vater wußte, wie sein Vergleich mit dem Onkel auf Tom gewirkt hatte, aber die Folgen waren für den Jungen vernichtend, so als ob sein Todesurteil gesprochen worden wäre. Jedesmal, wenn der Vater wütend auf Tom war, dachte dieser sofort daran, sich das Leben zu nehmen.

Ich bezweifle, ob Toms Vater wirklich wollte, daß Tom tot sei und weg vom Fenster, aber auch das wäre nicht ausgeschlossen. Es gibt Eltern, die tatsächlich wünschten, ihre Kinder wären tot. Aber oft sagen und tun Eltern Dinge, die sie bedauern würden, dächten sie nur einmal über ihre Wirkung nach. Und selbst, wenn sie es nicht bedauern und meinen, was sie sagen, so bleibt es immer noch *ihr* Problem, nicht das Ihre.

Schließlich möchte ich noch sagen: Da Sie geboren sind, haben Sie ein Recht auf Leben wie jeder andere. Das besagt das Gesetz, und jedermann wird alles in seiner Macht Stehende tun, damit Sie Ihr Recht auf Leben behalten, und dieses Recht kann Ihnen niemand nehmen, auch nicht Ihre Eltern.

Wenn Sie also zufällig in eine Familie hineingeboren wurden, wo Sie nicht erwünscht waren und niemand Sie liebt und Sie vielleicht glauben, sterben zu müssen, um jemand einen Gefallen zu tun oder glücklich zu machen, dann bedenken Sie bitte:

Sie selbst zählen am meisten.

Sie sind nicht so sehr das Produkt Ihrer Eltern, sondern des Lebens.

Sie verkörpern die kommende Welt.

Und wie gesagt: Man wird Sie nicht *mehr* lieben, wenn Sie tot sind.

14. Für die, die es versucht haben

Als ich überlegte, wer dieses Buch wohl lesen werde, lag der Gedanke nahe, daß zumindest einige von Ihnen schon einmal einen Suizidversuch gemacht haben. Vielleicht sitzen Sie gerade im Tagesraum eines Krankenhauses mit einigen frischen Nähten am Handgelenk. Oder vielleicht sind Sie allein zu Hause. Vielleicht weiß niemand, daß Sie gerade versucht haben, sich das Leben zu nehmen. Ich kann die näheren Umstände nicht wissen, mir aber dennoch vorstellen, was Sie durchgemacht haben, und deswegen möchte ich mit Ihnen über diesen Versuch sprechen, und was er für Sie bedeutet.

Statistisch gesehen, meinen viele Experten, haben Sie nun ein höheres Risiko, den Suizidversuch zu wiederholen, und eines Tages vielleicht mit Erfolg. Wenn möglich, möchte ich dieses Risiko für Sie vermindern.

Ich kann natürlich nur ganz allgemein sprechen, weil ich nicht weiß, was Sie zu diesem Entschluß gebracht hat, und möchte eigentlich nur darüber reden, was Sie in der Zeit durchgemacht haben und vor allem, daß es keineswegs bedeutet, Sie müßten oder würden es noch einmal versuchen.

Ihre Reaktionen

Viele Menschen, die vergebens versucht haben, ihr Leben zu beenden, haben das Gefühl, sie hätten wieder einmal versagt. Sie fühlen sich verwirrt und schuldig, sind wütend auf sich selbst, weil sie dumm und töricht gehandelt und dadurch die Lage verschlimmert haben.

Nicht wenige, die kürzlich einen Selbstmordversuch gemacht haben, haben mir gesagt: »Da habe ich wirklich einen schönen Schlamassel angerichtet, nicht wahr?«

Das haben sie in der Tat. Ich werde in einem anderen Kapitel über einige der möglichen Folgen eines Suizidversuches sprechen, aber jetzt möchte ich mich darauf konzentrieren, was Sie durchgemacht haben und daraus lernen können.

Fast alle, mit denen ich gesprochen habe, waren in den Stunden danach entsetzt über das, was sie getan haben, während sie davor das Gefühl hatten, schließlich die Situation, die ihnen so unerträglich erschien, doch noch in den Griff bekommen zu können, und daher ruhig und gelassen waren.

Aber nach dem Mißlingen verloren sie das Gefühl der Kontrolle, als wären sie zurückgeworfen in die chaotische Welt, der sie doch gerade hatten entkommen wollen. Als sie dann akzeptieren mußten, daß sie nicht gestorben waren, bekamen sie Angst vor der Gewalt ihrer eigenen Emotionen – Emotionen, die sie bis zur Selbsttötung bringen konnten.

Einige berichteten von einem Gefühl der Erleichterung, den Suizidversuch überlebt zu haben. Viele haben mir gesagt, sie seien schließlich froh, doch nicht gestorben zu sein. Wieder andere haben genau das Gegenteil empfunden.

»Warum die Mühe, mich zu retten?« fragte Mary. »Ich wollte sterben. Warum hat man mich nicht einfach gehen lassen? Haben sie nicht gemerkt, was ich wollte?«

Mary hatte eine tödliche Überdosis genommen, und wenn sich die Ärzte und Schwestern nicht so heroisch eingesetzt hätten, wäre sie gestorben. Sie war wütend auf das Krankenhauspersonal. Sie verfluchte sie, denn sie hatten ihre Pläne durchkreuzt und sie gezwungen, weiterzuleben.

Bevor ich Mary kennenlernte, hatte ich noch nie jemand getroffen, der so hartnäckig darauf bestand, sich zu töten. Sie hatte sich entschlossen, ihre Pläne gemacht und sie ausgeführt. Nur durch einen Glückszufall (ein Nachbar kam vorbei, um sich eine Fernsehzeitung zu borgen), war sie bewußtlos gefunden und auf schnellstem Wege ins Krankenhaus gebracht worden.

In den Wochen danach war Mary aufgebracht und wütend auf sich und die, die sie gerettet hatten, und auf den Richter, der sie zu mir schickte, auf mich, weil ich sie zu überzeugen versuchte, daß Leben besser als Tod ist, kurz, auf die ganze Welt.

Aber mit der Zeit begann sie zu verstehen, woher ihre Erbitterung rührte und was sie bedeutete, und sie lernte, sie in Energie für eine positive Veränderung umzusetzen. Letzten Endes ist es gerade diese Wut gewesen, die Mary gerettet hat.

In vieler Hinsicht war Marys Verbitterung auf ihr Leben berechtigt, aber allmählich sah sie ein, daß es nicht ihre eigene Schuld war, wenn soviel falsch gelaufen war, und daß Selbsttötung nur *ein* Weg war, um mit ihrer Wut fertig zu werden. Es gab andere, produktivere Möglichkeiten, sie umzusetzen, und im Verlauf unserer Arbeit fand sie Wege, ihrem Zorn eine andere Richtung zu geben und ihn auf gesunde und entschlossene Weise einzusetzen.

Viele Monate später sagte Mary: »Ich glaube, meine Wut lief in die falsche Richtung, was nicht heißen soll, daß ich nicht immer noch wütend bin. Die Welt ist immer noch ziemlich miserabel.«

Zehn Jahre danach bekomme ich immer noch einen Weihnachtsgruß von Mary. Sie ist immer noch zornig, aber sie macht nicht mehr sich selbst dafür verantwortlich, wenn etwas schiefläuft.

Für einige bleibt es bei einem Versuch, sich zu töten. Eine flüchtige Berührung mit der tatsächlichen Möglichkeit des Todes genügt, um eine neue Realitätsebene zu erschließen. Viele Menschen haben sich von ihrer tödlichen Krise und ihrem Suizidversuch erholt und eingesehen, daß der Anlaß zu geringfügig war, und haben sich mit neuem Schwung dem Leben zugewandt. Eine junge Frau, die sich wegen des Verlustes ihres Freundes töten wollte, sagte mir: »Wenn ich denke, daß ich mich beinahe wegen dieses dämlichen Kerls umgebracht hätte!«

Für andere allerdings bleibt dieser erste Versuch eine quälende Erinnerung, ein Bündel negativer Gedanken, die sich jedesmal einstellen, wenn sie sich verletzt, deprimiert oder einsam fühlen. Sie haben diese letzte Lösung einmal versucht und fühlen sich manchmal getrieben, es wieder zu versuchen. Meiner Ansicht nach ist das der Fluch der sich selbst erfüllenden Voraussage, d. h. der Glaube, man sei gezwungen, das Schicksal, das man nun einmal habe, zu leben. Wenn man z. B. glaubt, man werde sich eines Tages selbst töten, und diesen Glauben nie in Frage stellt, dann wird er irgendwo im Unterbewußtsein hängenbleiben und nur auf die geeigneten Umstände warten. Und wenn es eines Tages darauf ankommt und die Verzweiflung beginnt, schon wird der alte Gedanke wieder auftauchen: »Ich muß mich töten.«

Ein Philosoph sagte einmal: »Der Gedanke an Selbsttötung ist ein großer Trost, mit seiner Hilfe übersteht man viele böse Nächte.« Der Gedanke an Suizid kann also sowohl Erleichterung sein als auch ein potentieller Feind. Er wirkt befreiend, da wir wissen: Wir haben die Macht, unserem Leiden ein Ende zu setzen. Er wird aber zum Feind, wenn wir glauben, er habe die Kraft eines selbstverordneten Gesetzes. Das eine ist, ob man sagt: »Ich weiß, wenn die Dinge ganz schlimm werden, *kann* ich mich immer noch umbringen.« Es ist aber etwas völlig anderes, wenn man sagt: »Ich weiß, wenn die Dinge ganz schlimm werden, *muß* ich mich umbringen.«

Auch wenn Sie also vielleicht schon einmal einen Selbstmordversuch gemacht haben, folgt daraus nicht notwendig, daß Sie sich früher oder später das Leben nehmen müssen. Wenn das Leben ein Drama ist und Sie der Autor, wer sagt dann, daß Sie nicht den dritten Akt ändern und einen anderen Schluß geben können? Selbst wenn Ihr Leben kürzlich noch einer griechischen Tragödie glich und Ihr Selbstmordversuch das zu beweisen scheint, bedeutet es nicht, daß es so enden muß. Sie könnten sich ja die Frage stellen, die ich häufig meinen Patienten stelle: »Wer schreibt eigentlich dieses Stück?«

Die Reaktion der anderen

Ich möchte kurz darüber sprechen, wie andere vielleicht auf Ihren Suizidversuch reagieren, um Ihnen verständlich zu machen, was in anderen vorgeht, wenn sie von Ihrem Versuch erfahren.

Erstens gibt es keine besondere oder voraussehbare Reaktion auf einen Selbsttötungsversuch. Einige Leute werden sofort Sympathie und Verständnis äußern, andere werden sich aufregen, als ob Sie sie durch Ihre Tat kränken oder in Verlegenheit bringen wollten. Wieder andere schämen sich Ihrer, daß Sie sich so etwas Schreckliches antun konnten und damit gegen Gottes Willen verstoßen.

Eine Reaktion ist allerdings voraussehbar: Sie haben die erschreckt, die Sie kennen und lieben. Sie müssen irgendwie mit ihrem Entsetzen angesichts Ihrer selbstmörderischen Tat fertig werden, aber eines ist sicher, sie werden von jetzt an Angst haben – um Sie und um sich selbst.

»Er wollte sich im Grunde nichts antun«, sagte der Vater eines Halbwüchsigen, »er hat nur so herumgespielt.«

Der Junge, um den es geht, hatte versucht, sich aufzuhängen, und war gerade noch rechtzeitig gefunden worden. Aber es bestand nicht der geringste Zweifel, daß er einen Selbstmordversuch gemacht hatte.

Der Vater leugnete in seiner Herzensnot, daß irgend etwas mit seinem Sohn, mit ihm selbst oder der Familie nicht in Ordnung sein könnte, und versuchte, vor sich und jedem, der es hören wollte, abzustreiten, daß nicht alles in Butter war.

Leugnen ist eine wichtige psychologische Verteidigung gegenüber Ängsten, und wir alle bedienen uns ihrer irgendwann. Wird aber Ihr Suizidversuch einfach geleugnet und kein Versuch gemacht, ihn zu erklären und die Ursachen zu prüfen, so hilft das weder Ihnen noch den anderen. Es ist, als ob jemand sagte: »Du hast nicht im Ernst versucht, dir das Leben zu nehmen. Laßt uns den ganzen Vorfall vergessen.« Diese Verschwörung des Schweigens bringt nach meiner Erfahrung für niemand etwas Gutes und macht es höchstens wahrscheinlicher, daß die Gründe für Ihren Versuch für alle – außer für Sie – ein Rätsel bleiben.

Und wenn Sie mitmachen und die ganze Angelegenheit »vergessen« wollen, werden Sie mit denselben Problemen allein gelassen und auch mit denselben Gedanken, die Sie vorher umtrieben. Wenn es also je an der Zeit war, aus dieser Verschwörung des Schweigens auszubrechen, dann jetzt.

Wenn es sein muß, versuchen Sie außerhalb Ihrer Familie oder Ihres Freundeskreises jemand zu finden, der verstehen kann, was Sie getan haben, so daß Sie mit objektiver Hilfe eine bessere Lösung als Suizid finden können.

In Ihrer Umgebung wird man versuchen, mit der Angst fertig zu werden, indem man Ihnen Vorwürfe macht. Vielleicht sagen sie: »Bedenke, was du mir angetan hast!« oder: »Wie konntest du so dumm handeln!«

Vielleicht haben Sie diese Reaktion sogar erwartet. Vielleicht waren Sie wütend auf sie, und Ihr Suizidversuch sollte ihnen zeigen, wie wütend Sie waren. Vielleicht wollten Sie auch beweisen, daß man Sie sowieso nicht liebt und deswegen jetzt wütend auf Sie ist, und mit Ihrem Versuch haben Sie jetzt genau diesen Beweis erbracht. Ich weiß es nicht, aber ich hoffe, daß dieser eine Versuch, die Liebe Ihrer Umgebung auf die Probe zu stellen, genügt und Sie nicht noch einmal das Bedürfnis haben, sie zu testen.

Das beste Ergebnis

Ich hoffe für Sie, daß nach Ihrem versuchten Suizid eine Veränderung in Ihrem Leben eintritt, und zwar eine positive. Es gibt viele Gründe für Selbsttötung, aber alle, die es versuchen, haben ein wenig Hoffnung, durch ihr Sterben oder die Drohung damit, die Dinge ein bißchen ändern zu können. Sie hoffen, ihrem Leiden, ihrer Qual, ihrer Einsamkeit ein Ende machen zu können oder die ständigen Verluste in ihrem Leben zu stoppen. Ihrer Ansicht nach sind das gute Gründe.

Wenn Sie also versucht haben, Ihr Leben zu beenden, hoffe ich um Ihretwillen, daß nun die guten Zeiten anbrechen. Da Sie die Krise überlebt haben, sollten Sie einsehen, daß es an der Zeit ist, nach neuen Anfängen zu suchen, neuen Möglichkeiten, neuen Beziehungen. Ein Versuch, sich das Leben zu nehmen, muß nicht automatisch, im Sinne einer sich selbst erfüllenden Prophezeiung, zu einem weiteren Versuch führen. Ich hoffe vielmehr, er bietet Gelegenheit für einen neuen Anfang, eine Wiedergeburt, wenn Sie so wollen.

Ein guter Freund von mir, der sich als junger Mann das Leben nehmen wollte, sagte, als er von diesem Buch erfuhr: »Paul, ich habe nicht richtig gelebt, ehe ich nicht versucht habe zu sterben.«

Ich will nicht behaupten, jeder, der versucht hat, sich umzubringen, könne einfach aufspringen und in Windeseile sein ganzes Leben ändern. Das gelingt nur wenigen. Aber mit Hilfe und im Laufe der Zeit und der Erkenntnis, das Leben mehr sein kann, als was es gewesen ist, zweifle ich nicht, daß Sie wenigstens etwas von dem finden können, was Sie suchen. Sei es Liebe oder Erfolg, oder Glück, eines ist sicher: All das ist nur zu erreichen, wenn man lebt.

15. Wenn es nun nicht gelingt?

Ich habe lange mit mir gerungen, ob ich dieses Kapitel schreiben soll oder nicht. Was ich Ihnen zu sagen habe, ist unangenehm, und manche halten es vielleicht für unnötig. Andererseits habe ich Ihnen ein ehrliches Buch versprochen. Da die meisten Menschen bei ihrem Suizidversuch scheitern, meine ich, ich würde Sie täuschen, wenn ich Ihnen nicht ehrlich sagte, was passieren kann, wenn Sie versuchen, sich zu töten, und es nicht gelingt. Ich werde also mein Versprechen halten.

Suizid ist durchaus keine sichere Sache oder ein glatter und einfacher Weg, seine Probleme zu lösen. Das erfuhr ich zum erstenmal, als ich einen Mann interviewte, der gerade in eine psychiatrische Klinik eingewiesen worden war. Wir wollen ihn Charles nennen.

Charles litt seit Monaten an einer Depression. Er war mittleren Alters, fast ein Jahr arbeitslos und erhielt keine Arbeitslosenunterstützung mehr. Er hatte eine Familie zu ernähren, und sosehr er sich auch bemühte, er fand keine Lösung für seine Probleme. Er sah nur noch einen Ausweg: Suizid. Seine Lebensversicherungspolice besagte, daß die Versicherungssumme auch ausgezahlt werden würde, wenn er von eigener Hand sterben sollte. Seine Familie bekäme bei seinem Tod einige tausend Dollar, die, so hoffte er, ihren Lebensunterhalt sichern würden.

Am Tag, als er in das Krankenhaus eingewiesen wurde, war Charles mit seinem Jagdmesser, das eine lange scharfe Klinge hatte, ins Badezimmer gegangen, hatte sein Hemd ausgezogen und hatte sich die Klinge mit beiden Händen zwischen zwei Rippen gerammt, dort, wo er sein Herz vermutete.

Aber er verfehlte sein Herz um den Bruchteil eines Zentimeters. »Der Schmerz war schrecklich«, sagte er, »und das Blut spritzte überall hin. Der Teppichboden war ruiniert.«

Ich war ein junger Psychologe, als ich Charles kennenlernte, und ich gestehe, seine Geschichte ging mir unter die Haut. Es machte mir Angst, daß ein Mensch so depressiv und verzweifelt sein konnte, um sich wegen ein paar tausend Dollar ein Messer in die Brust zu stoßen. Bis zu diesem Augenblick hatte ich, vielleicht ähnlich wie Sie auch, den Suizid für ein glattes und sauberes Geschäft gehalten und geglaubt, der Tote läge danach wie jeder andere in einem Sarg, wobei alle sichtbaren Zeichen einer Verletzung durch die Geschicklichkeit des Bestattungsunternehmens verdeckt worden sind.

Aber hier war ein Mann mit einem Brustverband, der mit ruhiger Stimme bedauerte, nicht besser gewußt zu haben, wo sein Herz sitzt, dann hätte er es nicht verfehlt und wäre gestorben.

»Ich hätte mich erschießen sollen«, sagte Charles, »ich brauchte aber Bargeld und hatte daher meine Waffe vor ein paar Monaten versetzen müssen.«

Charles' Frau hatte ihn in einer Blutlache im Badezimmer gefunden und ihn mit Hilfe der Söhne in die Notaufnahme gebracht, wo die Chirurgen das Messer entfernten, ihn nähten und auf die psychiatrische Abteilung schickten. Er lebte, war aber noch nicht außer Gefahr und konnte erst nach einigen Monaten zu seiner Familie zurückkehren, nachdem er mit Hilfe der Mitarbeiter und eines Umschulungsplanes auf einen neuen Beruf vorbereitet worden war.

Menschen sind nicht leicht umzubrirngen

Die meisten Leute, die einen Suizid planen, wissen nicht, wie schwierig es ist, einen Menschen zu töten. Wir sind tatsächlich aus ziemlich zähem Stoff, und wenn uns auch im Kino oder Fernsehen vorgeführt wird, wie leicht Menschen umzubringen sind, ist es im wirklichen Leben ganz anders. Angesichts dieser romanhaften Versionen des Sterbens glauben wir nur zu gerne, es sei einfach zu sterben, wollen nicht begreifen, wie schwer und qualvoll es sein kann. Charles spürte das schmerzhaft am eigenen Leibe, und wie ihm ging es Tausenden, die versucht haben, sich zu töten.

Sicher sind einige Methoden, sich das Leben zu nehmen, erfolgreicher als andere, aber selbst die todsichersten können mißlingen. Hören Sie, was folgenden Personen zustieß, deren Identitäten verändert wurden, um die Lebenden zu schützen:

Tom, ein Teenager, hielt sich eine 22er Pistole an den Kopf und drückte ab. Die Kugel drang in seine Schläfe, zerfetzte sein Gehirn, schlug im Inneren seines Schädels auf und blieb im Kiefer stecken. Er starb nicht, sondern lebt, schwer hirngeschädigt, unfähig zu arbeiten oder in die Schule zu gehen.

Mary sprang von einer hohen Brücke in einen Fluß. Viele, die diesen Sprung taten, starben. Mary nicht. Sie kam im falschen Winkel auf das Wasser auf und brach sich den Rücken. Ehe sie ertrank, wurde sie gerettet. Nun lebt sie im Rollstuhl.

George schoß sich mit einer großkalibrigen Pistole in den Bauch. Er zerstörte eine Niere, glücklicherweise hatte er zwei.

Bryan wurde wegen Drogenmißbrauchs festgenommen, und weil er Angst hatte vor den Reaktionen seiner Eltern, versuchte er, sich im Gefängnis zu erhängen. Es gelang ihm nur, durch Ersticken bewußtlos zu werden. Die Unterbindung der Sauerstoffzufuhr zu seinem Gehirn verursachte bleibenden Hirnschaden.

Janice schnitt sich seitlich die Pulsadern auf. Ein Schnitt war so tief, daß eine Sehne durchtrennt wurde. Janice spielte gerne Klavier. Sie spielt noch, aber nicht mehr sehr gut.

So könnte ich fortfahren, aber ich glaube, was ich sagen will, ist klar:

Wenn Sie Suizidversuche mit den Augen psychologischer Berater betrachten, wüßten Sie, daß es ernst gemeinte Versuche ersten, zweiten und dritten Grades gibt. Versuche ersten Grades sind geplante, überlegte, vorsätzliche Handlungen, die die tödlichsten Mittel einsetzen. Versuche zweiten Grades sind impulsiver, ungeplant und nicht bis zum letzten durchdacht. Versuche dritten Grades sind solche, in denen die Person sich vorsätzlich in eine gefährliche Situation begibt, in der sie sterben kann, aber die Absicht ist nicht so deutlich. Aber alle Versuche, sogar die ganz ernsthaften ersten Grades, garantieren nicht den Erfolg.

Vielleicht interessieren Sie diese feinen Unterschiede nicht. Oder Sie haben einfach noch nicht alle Möglichkeiten durchdacht. Aber wenn Sie überhaupt daran denken, sich selbst das Leben zu nehmen, bitte seien Sie sich wenigstens eines möglichen Resultates bewußt: *Sie sterben vielleicht nicht!*

Allgemein gilt: Je tödlicher die Methode, die Sie anwenden, desto größer der Schaden, den Sie Ihrem Körper zufügen und desto größer die Wahrscheinlichkeit, entstellt oder behindert zu sein, wenn der Versuch mißlingt. So kalt und hart es auch klingen mag, leider ist es wahr.

Eine Überdosis an Tabletten kann zu Atemausfall führen und ein Koma hervorrufen, aus dem Sie vielleicht nie wieder erwachen.

Ein Autounfall bei hoher Geschwindigkeit kann Sie zu einem Krüppel auf Lebenszeit machen.

Das Aufschneiden der Pulsadern hinterläßt nicht nur Narben, sondern Sie können auch Sehnen und Muskeln Ihrer Hände nachhaltig beschädigen.

Wie Tom und andere erfahren haben, garantiert sogar ein Schuß in den Kopf nicht den Tod.

So herzlos es sich auch anhören mag, oft habe ich Ärzte und Schwestern, die gerade jemand vor dem Tod gerettet haben, von dem sie wissen, daß er für immer entstellt oder behindert sein wird, sagen hören: »Vielleicht wäre er besser dran, wenn er tot wäre.« Und bedenken Sie bitte, daß mit moderner lebensrettender Technologie die Ärzte mehr Menschen retten, die vor ein paar Jahren an ihren sich selbst zugefügten Verletzungen gestorben wären.

Wie einige Selbstmordkandidaten erfahren haben, kann ein mißlungener Versuch ein doppelter Fluch sein. Sie haben nicht nur nicht erreicht, was sie wollten, sondern haben nun sehr oft nicht einmal mehr die physische Geschicklichkeit, den Job zu vollenden. Möglicherweise sind sie angewiesen auf ein Bett in einem Pflegeheim, unfähig, für sich selbst zu sorgen, also Gefangener eigenen Verschuldens. Und wenn das Behandlungsteam von ihrem Suizidversuch erfahren hat, wird man jede mögliche Vorkehrung treffen, daß sie es nicht noch einmal versuchen.

Sie werden nichts Scharfes in Ihrem Besitz haben dürfen – keine Messer, um Fleisch zu schneiden, keine Rasierklingen, vielleicht noch nicht einnmal einen Gürtel, um Ihre Hosen zu halten. Sie werden nicht allein in ein Badezimmer gehen dürfen. Sie werden unter eine »Suizid-Beobachtung« – wie es genannt wird – gestellt werden und werden sehr wenig, wenn überhaupt, Privatleben haben. Mit einem Wort, niemand wird Ihnen mehr vertrauen aus Furcht, Sie könnten noch einmal versuchen, sich zu töten.

Selbst wenn die Folgen eines fehlgeschlagenen Suizidversuches nicht so verheerend sind wie dauernde Behinderung oder Einweisung in ein Pflegeheim oder in eine Nervenklinik, so gibt es doch noch andere durchaus unangenehme Konsequenzen.

Ann war fünfzehn Jahre alt, als sie sich zum erstenmal die Pulsadern aufschnitt. Sie machte mich auf ein Problem aufmerksam, das ich zuvor nie bedacht hatte.

»Ich muß immer langärmelige Blusen anziehen«, sagte sie, »sogar im Sommer. Als die großen dicken Armreifen in Mode waren, konnte ich manchmal darauf verzichten, sie verdeckten gerade die Narben, wenn man nicht zu genau hinsah. Ich gehe nicht mehr schwimmen oder an den Strand, weil man im Bikini die Narben nicht verstecken kann.«

Ann erzählte mir, daß sie manchmal naiv gefragt würde: »Was ist mit Ihren Handgelenken passiert?« Und wenn sie dann merken, woher man gewöhnlich solche Narben bekommt, wurden sie verlegen und entschuldigten sich. »Es ist sehr peinlich«, sagte Ann, »man hat das Gefühl, man müßte sich irgendeine Geschichte ausdenken, sonst stellen sie sich das Schlimmste vor.«

Was ich hier gesagt habe, hört sich wie eine Abschreckungstaktik an, als ob ich versuchen wollte, Ihnen die Gedanken an Selbsttötung durch Panikmache auszutreiben. In gewisser Weise trifft das vielleicht zu. Aber weil ich so vielen Menschen begegnet bin, die sich zu töten versuchten und denen es nicht gelungen ist, sollten diese Erfahrungen Ihnen nicht vorenthalten werden.

Ich weiß, es genügt nicht, Menschen, die sich töten wollen, vor dem Mißlingen und schrecklichen unvorhersehbaren Folgen zu warnen. Aber wenn Sie erst einmal an diesem fürchterlichen und einsamen Ort angekommen sind und mitten in der Krise stecken, ob Sie leben oder sterben sollen und sich vielleicht noch einreden wollen, die angestrebte Lösung sei glatt, sauber und endgültig, dann sind Sie der Logik des Suizides anheimgefallen. Diese Logik lautet: Der Tod wird schnell und leicht sein.

Aber ich will Murphys Gesetz zitieren: »Wenn etwas schieflaufen kann, wird es schieflaufen.« Und ich fürchte, diese Regel trifft genauso für Suizidversuche zu wie für andere Dinge.

Andere Konsequenzen

Außer der möglichen Schädigung Ihres Körpers, wenn Sie bei Ihrem Versuch nicht sterben, gibt es eine Fülle anderer Komplikationen, zum Beispiel: Wie reagieren andere auf Ihren Versuch? Was werden Sie selbst empfinden und von sich halten, und wie wird sich Ihr Leben verändern, weil Sie eben nicht gestorben sind? Ich habe versucht, an anderer Stelle dieses Buches über einige dieser Konsequenzen zu schreiben. Hier möchte ich Sie einfach daran erinnern, daß ein Versuch, sich selbst zu töten, eine ähnliche Wirkung hat wie ein Stein, den man in einen ruhigen Teich wirft – beim Aufschlag aufs Wasser entstehen immer größer werdende Kreise, die Sie und alle, die Sie kennen, in Mitleidenschaft ziehen. Wie sich das auswirkt, kann niemand voraussagen.

Schließlich hoffe ich, daß das Gesagte tatsächlich einige Zweifel in Ihre Überlegungen in bezug auf Selbsttötung bringt. Wenn ich Sie vielleicht überzeugen könnte, daß auch genau ausgearbeitete Pläne schiefgehen können, und Sie sich in weit schlechterem Zustand wiederfinden, als Sie sich je überhaupt vorstellen können, dann denken Sie vielleicht doch noch einmal darüber nach, ob Sie sich wirklich das Leben nehmen sollen.

Eine Sache weiß ich: Wenn Sie durchhalten und die jetzigen schlechten Zeiten hinter sich bringen, werden Sie früher oder später erkennen, daß Sie stärker sind, als Sie denken. In den kommenden Jahren werden Sie diese Krise als das ansehen, was sie ist, nämlich eine Krise wie viele andere, die Sie überlebt haben und überleben werden.

Meiner Meinung nach ist an einer Selbsttötung nichts Romantisches, Geheimnisvolles oder Beneidenswertes. Und ein Scheitern des Versuches ist nicht nur unromantisch, sondern traurige und tragische Ironie. Wenn Zeitungen alles veröffentlichten, was Leuten wie Tom und Charles und Ann und den tausend anderen, deren Suizidpläne mißlangen, zugestoßen ist, und die verkrüppelt, entstellt oder behindert weiterleben müssen, dann würden Sie sehen: Es lohnt sich, nicht zweimal, sondern dreimal nachzudenken, ehe wir versuchen, uns das Leben zu nehmen.

Ann sagte zu mir: »Sagen Sie ihnen, sie sollten es nicht versuchen. Es ist dumm.«

16. Die Hinterbliebenen – Opfer?

Dieses Kapitel wird Ihnen wahrscheinlich nicht sehr zusagen. Und vielleicht fühlen Sie sich sogar ein bißchen schuldig, weil Sie daran dachten, sich das Leben zu nehmen. Aber sei's drum. Ich habe Ihnen von Anfang an ein ehrliches Buch versprochen, und wenn man schon einmal so weit gegangen ist, sollte man den Weg auch zu Ende gehen bis zu den Antworten auf jene Fragen, die mit »Was wäre, wenn…« beginnen, z. B. »Was wäre, wenn ich mir nun das Leben nähme?«

Man könnte einwenden, ein solches Gespräch würde mehr Schuldgefühle in Ihnen hervorrufen, als Sie verkraften können. Das glaube ich nicht. Im Gegenteil, Sie sollten, wenn Sie von eigener Hand sterben wollen, so genau wie möglich *alle* Konsequenzen einer solchen Tat kennen, einschließlich der Folgen für andere.

Wer sind die anderen? Es sind Ihre Eltern, Geschwister, Vettern, Tanten und Onkel, Freunde und geliebte Menschen, Schulkameraden, Arbeitskollegen, buchstäblich alle, die Sie kennen. Weil es keine treffendere Bezeichnung für sie gibt, haben meine Berufskollegen sie »Opfer« genannt.

Sie sind Opfer, die alle darunter leiden werden, daß Sie sich das Leben genommen haben. Sie werden viel Liebe und Verständnis brauchen, um sich von der Tragödie Ihres Todes zu erholen. Je näher sie Ihnen stehen, desto mehr werden sie leiden. Und keiner wird mehr leiden als Ihre Familie.

Ich habe mit vielen selbstmordgefährdeten Menschen gesprochen, die sich selbst belügen, weil sie nur so ihren Versuch, zu sterben, rechtfertigen können, denn sie wissen wahrscheinlich alle, daß sie auch anderen Leid zufügen, wenn sie sich selbst ein Leid antun. Hier ist ein Beispiel, wie ein junges Mädchen sich selbst belog.

»Ich sehe mich im Sarg liegen. Ich habe mein blaues Kleid an. Meine Hände sind auf der Brust gefaltet. Ich kann meine Eltern und meine Freunde um mich versammelt sehen. Sie weinen.«

»Was sagen sie?« frage ich.

»Sie sagen, wie schön ich aussehe, wie friedlich. Meine Schwester sagt: ›Ich weiß, Renée ist nun glücklich.‹«

»Was sagen sie noch, Renée?«

»Daß sie mich vermissen werden.«

»Sagen sie, sie wünschten, Sie hätten sich nicht getötet?«

»Nein.«

»Ist einer von ihnen böse?«

»Nein.«

An dieser Stelle unterbrach ich das, was wir ›gelenkte Phantasie‹ nennen, und holte Renée zurück auf die Erde und beschrieb, wie ihr Begräbnis wirklich ablaufen würde. Ja, ihre Eltern, ihre Schwester und die Freunde würden weinen und nachdenkliche Worte sagen, wie friedlich sie aussähe, daß sie noch im Tode jung und schön wäre und daß es doch sehr traurig sei zu sterben, ehe das Leben wirklich begonnen habe. Aber unter diesen vorsichtig gewählten Worten der Liebe und Zuneigung machte sich noch etwas anderes Raum im Herzen der Opfer.

Sie sind schockiert. Sie können nicht glauben, was geschehen ist. Sie sind benommen, und sie leiden. Sie fühlen sich wie in einem Alptraum, der nicht aufhört, wenn sie aufwachen. Sie fühlen sich bestürzt und verwirrt und fragen sich, ob sie je Ihren Tod verwinden und wieder normal leben können.

Sie sind traurig. Wenn erst einmal der Schock und die Benommenheit nachlassen, machen die Hinterbliebenen eines Selbstmörders eine Zeit tiefer und anhaltender Trauer durch. Unvorbereitet, wie sie waren, spüren sie den Schmerz beinahe körperlich, und trotz eines gelegentlichen guten Tages und einer unbeschwerten Stimmung werden sie immer wieder von Trauer überwältigt werden.

Sie sind zornig. Sie möchten es nicht sein, können aber nicht dagegen an. Sie haben ihnen etwas Kostbares genommen, das ihnen nie zurückgegeben wird. Sie sind böse auf Sie, weil Sie sie hintergangen haben, sie zurückstießen, ihnen keine Gelegenheit gaben, Ihnen in Ihrem Kummer zu helfen. Wenn sie wirklich im Unrecht waren, dann haben Sie ihnen durch Ihren Tod jede Möglichkeit genommen, die Dinge wieder in Ordnung zu bringen.

Sie können sich nicht mehr entschuldigen, nicht mehr lernen, zuzuhören. Durch Ihren Suizid haben Sie ihnen jede Chance genommen, Ihnen Verständnis und Liebe entgegenzubringen. Und daher empfinden sie einen schrecklichen Zorn auf Sie, der zwar allmählich nachlassen, aber für den Rest ihres Lebens gegenwärtig bleiben wird.

Und wegen dieses Zorns fühlen sie sich wiederum schuldig. Sie wissen, sie sollten nicht böse auf Sie sein, können aber nicht gegen dieses Gefühl an, und die Schuld wird sie wieder einholen.

Und die geht nicht so schnell vorüber, sie wird sie verfolgen, nicht nur eine Woche lang oder einen Monat, sondern den Rest ihres Lebens. Sie werden sich fragen, was sie falsch gemacht haben, aber auch, warum Sie ihnen so weh getan haben. Vielleicht werden sie sogar beginnen, Gott zu hassen, und auch deswegen werden sie sich schuldig fühlen.

Ihr Leben wird nie mehr sein wie zuvor. Es ist, als ob Sie auf alle Ihre glücklichen Fotos im Familienalbum in schwarzen Buchstaben Selbstmord geschrieben hätten. Nichts, aber auch gar nichts wird je so sein wie zuvor.

Es kann passieren, daß Ihre »Hinterbliebenen« auch selbstmordgefährdet werden. Um dem Schmerz, den sie fühlen, zu entrinnen, beginnen sie sich vielleicht zu fragen, ob nicht Selbsttötung auch für sie eine gute Lösung wäre, ja, sie erwägen möglicherweise, sich das Leben zu nehmen, um mit Ihnen im Tode wieder vereint zu sein.

Vielleicht glauben sie auch, verrückt zu werden oder die Beherrschung zu verlieren. Ihre Welt ist plötzlich und auf unerklärliche Weise auf den Kopf gestellt und zerbrochen. Und wie es im Kinderreim von Humpty Dumpty heißt, nichts kann Humpty Dumpty wieder heil machen.

Weil sie sich schämen, können sie vielleicht mit niemand über ihren Schmerz sprechen. Möglicherweise beginnen sie Drogen zu nehmen oder zu trinken und können in eine lange andauernde und lebensbedrohende Depression verfallen. Zumindest werden sie Schuld, Zorn und Betroffenheit empfinden. Sie werden versuchen, sich an Sie zu erinnern, als Sie glücklich waren, und möglichst viel Andenken aus Ihrem Leben von früher zu retten. Aber da wird stets das unerträgliche traurige Ende sein – ein Ende, das sie nicht ungeschehen machen können.

Wenn Sie ein Vater oder eine Mutter sind, hinterlassen Sie Ihren

Kindern so etwas wie einen Fluch, der lautet: »Ich habe mich getötet. Vielleicht wollt ihr eines Tages das gleiche tun. Ich habe es getan, ihr dürft es auch.«

Wenn Sie ein Kind sind, haben Sie Ihren Eltern etwas gestohlen, das sie nie ersetzen können, die Zukunft, die sie für Sie erträumt haben, die Befriedigung, Sie erwachsen werden zu sehen und dort Erfolg zu haben, wo sie gescheitert sind. Ein Vater sagte über den Selbstmord seines einzigen Sohnes: »Er hat mir meine Enkel gestohlen. Der Name unserer Familie ist mit ihm gestorben.«

Wenn Sie ein Ehemann sind, lautet das Urteil über Ihre Ehe: »Sie hat mich enttäuscht!« Oder wenn Sie eine Ehefrau sind, bedeutet Ihr Selbstmord: »Seht, wie *er* mich behandelt hat. Ich mußte mich töten!« In jedem Falle wird derjenige, den Sie einst liebten, nie vergeben können, wie Sie öffentlich Ihre Beziehung angeprangert haben. Vielleicht wollten Sie diesen Schmerz, aber Ihr Leben ist ein hoher Preis für einen zornigen Vergeltungsschlag.

Wenn Sie ein Bruder oder eine Schwester sind, haben Sie mit Ihrem Suizid kundgetan, daß Ihr Verhältnis zueinander nicht sehr eng war. Und Sie haben ihnen ein Beispiel gegeben. Einer meiner Freunde, dessen Bruder einen Suizidversuch unternommen hatte, sagte mir: »Ich war so wütend auf ihn, daß ich drohte, ihn umzubringen, wenn er so etwas noch einmal versuchte.«

Eine Erfahrung werden Ihre »Hinterbliebenen« mit Sicherheit durchmachen: das Gefühl plötzlichen Verlustes, plötzlichen Schmerzes und plötzlichen Unglücks. Es ist ein Unterschied zwischen natürlichem und unnatürlichem Tod. Den einen können wir ertragen. Wir können lernen, damit zu leben, denn wir werden durch das natürliche Sterben eines nahen und geliebten Menschen mit dem Tod bekannt, und das hilft uns, den eigenen Tod zu akzeptieren in der Hoffnung, ihm mit Anstand und Würde entgegenzusehen. Aber bei unnatürlichem und plötzlichem Tod, bei Suizid, fehlt uns die Zeit, uns auf den Verlust vorzubereiten, wir werden überrumpelt. Und es bleiben Fragen zurück, Fragen, die uns niemand beantworten kann.

Nach der Tat fragen wir uns, schütteln den Kopf und fragen von neuem: »Was wäre wenn?« – »Wenn doch nur«, überlegen wir. »Hätte nicht eine Stunde oder ein Tag genügt, ihn davon abzuhalten?« – »Irgend etwas hätte doch getan oder gesagt werden können, wodurch diese Qual und Pein vermieden worden wären.« Fragen über Fragen.

Keiner von uns ist vorbereitet auf plötzlichen, unnatürlichen Tod. Unglücksfälle, bei denen Menschen sterben, sind Tragödien. Selbstmorde sind verglichen damit doppelte Tragödien – gerade diese plötzlichen Todesfälle hätten verhindert werden können.

Selbst wenn Sie das eine oder andere, was ich hier gesagt habe, verstehen, so gibt es doch meiner Meinung nach keine Möglichkeit, die Angehörigen auf einen Suizid vorzubereiten. Man kann es versuchen, aber ohne Erfolg. Auch die ausführlichsten Briefe und Erklärungen oder selbst Warnungen werden nie den Schmerz jener lindern können, die man zurückläßt. Wer das glaubt, macht sich selbst etwas vor.

Helens Geschichte

Eine Mutter, mit der ich arbeitete, hatte beschlossen, sich am Weihnachtsabend das Leben zu nehmen. Sie war enttäuscht von ihrem Mann, frustriert und wütend auf die ganze Familie, und selbst an guten Tagen fand sie das Leben kaum erträglich. Sie war deprimiert und einsam und hatte das Gefühl, niemand wolle oder könne ihr zuhören. Sie hatte keine Hoffnung mehr, je verstanden zu werden, und faßte daher den Entschluß, am Weihnachtsabend, wenn alle zu Bett gegangen waren, eine Überdosis Tabletten zu nehmen und sich neben die Geschenke unter den Christbaum zu legen, wo die Familie sie am nächsten Morgen finden würde.

Ich habe schon viele Selbstmordpläne gehört, aber dieser empörte mich, und das sagte ich auch Helen.

»Warum regen Sie sich auf«, sagte sie, »ich will doch schließlich sterben.«

»Was werden Sie Ihrer Familie sagen?« fragte ich.

»Daß ich sie liebe«, antwortete sie.

»Lieben?«

»Wenn ich nicht mehr da bin, werden sie viel besser mit allem fertig werden. Keiner wird mehr an ihnen herumnörgeln. Machen Sie sich keine Sorgen, sie werden darüber hinwegkommen.«

»Das glaube ich nicht«, antwortete ich. »Ich habe eher den Eindruck, Sie wollen sagen: ›Seht, wie ihr mich behandelt habt! Ich habe mir das Leben genommen!‹ Und Sie sagen ihnen das auf eine Weise, die sie nie vergessen werden.«

»Wieso?« fragte Helen.

»Weil sie nie mehr einen Christbaum werden ansehen können, der nicht durch Ihren Suizid vergiftet ist. Sie werden sich in der Weihnachtszeit nicht mehr freuen können, jedenfalls lange Zeit nicht mehr. Vielleicht wird man erst nach mehreren Generationen vergessen haben, wie Sie gestorben sind.«

Weil sie so zornig war, hatte Helen den üblicherweise glücklichsten Tag im Jahr ihrer Familie ausgewählt, um sich zu töten. Und nur nach langen und offenen Gesprächen, was das für ihren Mann und die Kinder bedeuten würde, erkannte und akzeptierte sie ihren Zorn auf sich und die Familie als real, übermächtig und zerstörerisch. Ich sagte ihr, daß sie mit dieser Tat ein geladenes Gewehr in die Hände ihrer Kinder legte, das sich eines Tages auf eben diese Kinder richten könnte.

Das erschreckte Helen. »Daran habe ich nicht gedacht...«, sagte sie, »so habe ich es mir nicht vorgestellt.«

Erst allmählich begann sie zu verstehen, welche Folgen ihr Selbstmord auf die haben würde, die sie zu lieben behauptete, und wie lange ihre Opfer darunter leiden würden, und sie begriff, wie tief der Zorn in ihr saß und daß sie Hilfe brauchte, um positiv mit ihm umgehen zu können. Als sie dann merkte, daß sich die Dinge zu ändern begannen, gab sie ihren Selbstmordplan auf. Mit der Zeit kam ihr Leben in ruhigere Bahnen.

Wie viele andere war Helen im Grunde ein großzügiger und liebevoller Mensch. Aber sie hatte sich in der Logik des Suizids verfangen, und war nicht mehr imstande, alle Teile des Puzzles zu überblicken, alle möglichen Ergebnisse, alle Konsequenzen. Zorn und Schmerz hatten sie blind gemacht, so daß sie sich die Folgen ihrer Tat nicht mehr vorstellen konnte. Erst als sie den tatsächlichen Schaden, den sie anrichten würde, begriff, erkannte sie allmählich, daß sie nicht nur sich selbst töten würde, sondern auch die, die sie liebte.

Falls Sie zufällig denken wie Helen und sich aus ganz persönlichen Gründen selber töten wollen, um jemand etwas heimzuzahlen oder zu zeigen, wie man Sie im Stich gelassen hat, dann bedenken Sie, was Helen zu mir sagte.

»Ich glaube, ich wollte ihnen weh tun. Ich wollte ihnen zeigen, wie sehr sie mich verletzt haben, und mit meinem Tod beweisen, daß ich sie noch mehr treffen könnte als sie mich. Ich habe nie gedacht, selbstsüchtig zu handeln, wenn ich mich tötete, nun weiß ich es.«

Ich kann nicht wissen, warum Sie an Selbsttötung denken. Die Gründe erscheinen Ihnen vielleicht gerade jetzt sehr einleuchtend. Vielleicht könnte ich sie sogar verstehen, wenn Sie sie mir sagten. Aber wie verständlich oder vernünftig Ihre Gründe auch sein mögen, so sollten Sie doch begreifen, daß ein Suizid nicht eine einsame ruhige Entscheidung ist, die nur Sie selbst angeht. Es ist vielmehr so, als zögen Sie eine Handgranate ab, während alle Ihre Lieben um Sie versammelt sind.

Sicher, einige dieser Leute mögen Sie vielleicht nicht besonders, hassen Sie sogar, aber einige machen sich Sorgen um Sie, und einige lieben Sie. Sicher, Sie bringen sich vielleicht um, wenn Sie die Granate abziehen, aber bei der Explosion werden Splitter alle Umstehenden treffen, und auch die werden Opfer sein. Unschuldige Opfer. Das sollten Sie doch wissen, dachte ich.

17. Die Zeit heilt

Wenn Sie dieses Buch bis hierher gelesen haben, haben Sie zweifellos gemerkt, daß ich es aus dem sehr einfachen Grund geschrieben habe, Sie zu veranlassen, innezuhalten, die Dinge zu durchdenken und sich selbst etwas Zeit zu geben, um den Entschluß zum Suizid noch einmal zu überlegen. In Anbetracht unserer ja nicht sehr engen Beziehung hoffe ich, wenigstens soviel erreicht zu haben.

Wenn mir das gelungen ist, besteht zumindest die Chance, daß sich Ihre Lage möglicherweise zum Besseren geändert hat, seit Sie dieses Buch in die Hand genommen haben. Im nächsten Kapitel will ich mit Ihnen darüber sprechen, wo und wie Sie sich um professionelle Hilfe bemühen können, wenn Ihre Probleme andauern, aber im Augenblick möchte ich mit Ihnen über den Zeitfaktor sprechen.

Ich habe dieses Kapitel »Die Zeit heilt« überschrieben, weil das wirklich so ist. Untersuchungen bei Menschen, die auf Beratung oder psychotherapeutische Hilfe warteten, haben immer wieder ergeben, daß, soweit wir das beurteilen können, schon die vergehende Zeit eine Besserung ihrer Symptome bewirkte. Sehr oft waren nach einigen Wochen, noch vor professioneller Hilfe, viele der Gründe, derentwegen er oder sie einen Termin bei einem Berater vereinbart hatte, hinfällig geworden und keine professionelle Hilfe mehr nötig. Wir nennen dieses Phänomen spontane Genesung.

Damit wissen wir aber noch nicht, was dem kranken Menschen zugestoßen ist und warum er sich nun besser fühlt. Vielleicht hat er die Sorgen mit einem Freund geteilt, vielleicht Arbeit gefunden, vielleicht eine neue Liebe, vielleicht konnte er sich ohne fremde Hilfe aus Drogenabhängigkeit befreien, oder er hat mit einem Seelsorger gesprochen und dort Beistand gefunden. Offen gestanden, wissen wir nicht, warum es Leuten ohne professionelle Hilfe, die sie eigentlich suchten, plötzlich besser geht. Aber Gott sie Dank, kommt das vor.

Wir wissen aber, daß im Laufe der Zeit viele problembeladene Menschen sich allmählich besser fühlen und Symptome, die sie hatten, verschwanden. Möglicherweise hat der Betreffende etwas für sich getan, oder seine Verhältnisse haben sich zum Besseren gewendet und dadurch die Krise beendet.

Vielleicht lohnt es sich, zwei Dinge im Gedächtnis zu behalten: Krisen, auch solche, die zur Selbsttötung führen können, sind zeitbegrenzt, sie dauern nicht ewig. Etwas hat ausgehakt, und vorausgesetzt, man bringt sich nicht um, wird es sich wieder einhaken. Im Laufe der Zeit können sich die Dinge natürlich auch verschlechtern, aber auch verbessern. Nur wenn man seine Zukunft genau voraussagen könnte, wüßte man, daß sich die Lage verschlimmern wird. Man kann *glauben*, daß es *immer* schlechter wird, aber es handelt sich immer nur um Glauben und vielleicht von der nicht gerade rationalen Art, die typisch ist für die Logik von Selbsttötungsgedanken.

Gewöhnliche Probleme gewöhnlicher Menschen

Zum anderen könnten Sie darüber nachdenken, daß es sich nie um Katastrophen handelt, wenn Menschen die Gründe für einen eventuellen Selbstmord angeben. Im Gegenteil. Wie schwerwiegend und unerträglich Ihnen Ihre Probleme auch erscheinen mögen, bin ich doch sicher, Sie würden dieselben Gründe – könnten Sie sie einige Zeit später betrachten – unzureichend, vielleicht sogar lächerlich finden. Viele Patienten haben mir nach einer Suizidkrise gesagt: »Wenn ich denke, daß ich mich beinahe deswegen getötet hätte.«

Ich möchte hier nur klarstellen, daß die Gründe für eine Selbsttötung im Rahmen gewöhnlicher menschlicher Erfahrung liegen – Depression, finanzieller Rückschlag, Demütigung, unerwiderte Liebe, das Auseinderbrechen einer Ehe, unvernünftiger Streß in der Schule oder bei der Arbeit und alle Arten von Verletzungen und Kränkungen der Selbstachtung. Aber alle diese Belastungen und Verluste, die Erfahrung von Einsamkeit, Depressionen und Ärger haben im Grund etwas Gemeinsames: Sie liegen im Rahmen allgemeinen menschlichen Erlebens. Sie und ich unterscheiden uns gar nicht so sehr von den Menschen, die ich in diesem Buch beschrieben habe. Wir sind uns alle sehr ähnlich.

Sie werden jetzt fragen, wie kommen wir durch die Krisenzeiten in unserem Leben? Statistiken spenden zwar keinen Trost, aber es ist vielleicht hilfreich zu wissen, daß laut Untersuchungen 50 Prozent der Allgemeinheit (und das sind wir alle) schon einmal *ernsthaft* Selbsttötung als Lösung für ein Lebensproblem in Erwägung gezogen haben. Aus anderen Studien geht hervor, daß 60 bis 80 Prozent der Gesamtbevölkerung schon daran gedacht haben, ein Problem dadurch zu lösen, daß sie sich das Leben nehmen.

Was folgt daraus? Zunächst einmal, daß der Gedanke an Suizid eher normal als anormal ist. Wenn mehr als die Hälfte der Menschen, die auf der Straße an Ihnen vorbeigehen, zumindest schon einmal das gleiche erwogen haben wie Sie, dann können Sie sich vom Rest der Bevölkerung nicht so sehr unterscheiden.

Aber diese Zahlen sagen noch mehr. Frage: Warum haben sich alle diese Leute nicht umgebracht?

Die Antwort, denke ich, liegt in dem heilenden Wirken der Zeit. Die meisten Menschen, die an Selbsttötung denken und sich nicht töten, haben ohne professionelle Hilfe eine Art spontaner Heilung durchgemacht. Die Dinge ändern sich. Ihre Lage ändert sich. Der Schmerz, der ihnen zusetzt, nimmt ab. Kränkungen und Zorn werden geringer. Freunde leisten Hilfe. Sie spüren sich näher bei ihrem Gott. Irgend jemand hört ihnen endlich zu. Sie haben das Gefühl, die Lage wieder in Griff zu bekommen. Irgend etwas steuert auf eine Veränderung zu. Eine von tausend möglichen Wandlungen beginnt sich abzuzeichnen. Und irgendwie geht die Krise früher oder später vorbei, die Gedanken an Selbsttötung verblassen, und wie bei einem plötzlichen Gewitter über einem See läßt der Wind nach, die Wellen beruhigen sich, und eine Durchfahrt öffnet sich dort, wo noch wenige Augenblicke zuvor keine zu erkennen war.

Ich bin fest überzeugt: wenn Sie nur Ihren Entschluß, sich das Leben zu nehmen, etwas aufschieben, werden Sie in den kommenden Tagen und Wochen immer weniger Gründe dafür finden. Was heute so unmöglich und unerträglich erscheint, wird später und an einem anderen Ort nur eine schlechte Erinnerung sein. Wie könnten sonst, frage ich Sie, all die Millionen Menschen, die einen Suizid in Erwägung zogen, noch am Leben sein?

18. Hilfe

Neulich hörte ich eine bekannte Geschichte. John, Psychologe und Freund, hat eine beratende Tätigkeit an einem Universitätskrankenhaus. Er erzählte, eine junge Studentin habe sich die Pulsadern, nicht sehr tief, aufgeschnitten und sei dann über den Campus in die Unfallstation marschiert. Das Blut lief über beide Handgelenke, und sie sagte zu der diensthabenden Schwester: »Ich glaube, ich brauche Hilfe.«

Sie brauchte Hilfe, und sie bekam sie. Aber John und ich fragten uns, warum sie sich dafür die Pulsadern aufschneiden mußte.

Ich weiß nicht, ob Ihnen dieses Buch letzten Endes hilft, aber ich hoffe, das folgende Kapitel wird Sie ermutigen, Hilfe zu suchen, *bevor* Sie etwas Lebensbedrohendes unternehmen. Als Direktor eines kommunalen Zentrums für Seelische und Geistige Erkrankungen kann ich Ihnen versichern, daß trotz langer Wartelisten jeder, der uns anruft und sagt, er denke an Suizid, noch am gleichen Tag oder spätestens am nächsten einen Termin bei uns bekommt. Und das sollte auch in Ihrer Gemeinde für die Krisen-Klinik, den Psychiatrischen Dienst oder jeder andere Institution gelten, die sich solcher Notfälle bei psychischen Krankheiten annehmen. Vorbeugung bei suizidgefährdeten Personen ist einer der wesentlichen Gründe für die Existenz solcher Dienste.

Scheu und Widerstreben

Wir, die wir auf diesem Feld der Beratung tätig sind, wissen besser, als Sie vielleicht ahnen, wie schwer es uns allen fällt, die Hand auszustrecken und um Hilfe zu bitten, denn damit geben wir zu, daß wir nicht imstande sind, irgendwelche Probleme selbst zu lösen. Aufgrund unserer Erziehung zur Unabhängigkeit und der Devise des ›Hilf dir selbst‹ fällt es uns sehr schwer, in einer Lebenskrise um

Hilfe nachzusuchen. Es ist hart für Frauen, für Männer manchmal unmöglich.

Neulich sprach ich mit einem jungen Mann, der zur Behandlung seines Alkoholismus in ein Krankenhaus eingewiesen wurde. Ich sollte mit ihm reden, weil er an Selbsttötung gedacht hatte. Sam, von Beruf Holzarbeiter, ist ein gutes Beispiel, wie Männer empfinden, wenn sie Hilfe suchen.

»Haben Sie je versucht, sich selbst das Leben zu nehmen?« fragte ich.

»Nicht wirklich«, sagte Sam.

»Nicht wirklich?«

»Eines Tages habe ich meinen Lastwagen über eine Klippe gesteuert.« Dann lachte er, nervös. »Die Klippen waren nicht sehr hoch.«

»Und andere Versuche?«

»Einmal bin ich stockbesoffen in einem Fluß weit hinausgeschwommen. Aber ich bin nicht ertrunken.«

»Haben Sie schon einmal um Hilfe gebeten?« fragte ich.

»Ich? Verdammt, nein. Ich brauche keine Hilfe.«

Dabei saß Sam vor mir, hier im Krankenhaus, Alkoholiker, und sein Leben war ein heilloses Durcheinander. Fast zehn Jahre war es mit ihm steil bergab gegangen. Immer wenn er betrunken war, dachte er an Selbsttötung und spielte mehr als einmal mit seinem Leben. Aber es war ihm nie eingefallen, Hilfe zu suchen. Oder falls er vielleicht einmal daran gedacht hatte, hätte er um keinen Preis darum gebeten – es wäre nicht »männlich«.

Vielleicht halten Sie Sams Fall für eine Ausnahme. Ich nicht. Bei Männern ist es die Regel. Frauen sind in solchen Fällen gescheiter.

Der Kern von Sams Geschichte ist, daß er sich, vielleicht wie Sie, nicht aufraffen konnte, den Telefonhörer zu nehmen und mit jemand über seine Gedanken und Gefühle und sein verpfuschtes Leben zu sprechen. Vielleicht hielt er auch seine Probleme nicht für ernst genug, dabei ist schon der Gedanke an Selbsttötung Grund genug, um Hilfe nachzusuchen. Welch andere Entschuldigung gäbe es noch?

Offene Ohren

In fast jeder Großstadt und in einigen kleineren Städten gibt es eine Telefonseelsorgestelle, die rund um die Uhr telefonische Beratung für Menschen in Krisensituationen anbietet. Diese Nummern haben einen einzigen Zweck, sie sind für *Sie* da. Das Nachwort dieses Buches über »Hilfen in der Nähe« gibt dazu ebenso weitere Informationen wie das »Verzeichnis von Initiativen und Einrichtungen der Suizidprophylaxe« im letzten Teil dieses Buches.

Vierundzwanzig Stunden am Tag sind diese Telefone besetzt, und zwar von großartigen Leuten. Geschulte freiwillige Mitarbeiter tun ihren Dienst unter professioneller Aufsicht. Diese hervorragenden Bürger setzen sich ein, um für Menschen wie Sie erreichbar zu sein: Menschen in Krisensituationen, mit Problemen, Menschen, die an Selbstmord denken. Ich kenne diese freiwilligen Helfer sehr gut. Glauben Sie mir: Sie möchten, daß Sie anrufen. Das ist der einzige Zweck, für den sie ihre Zeit hergeben im Dienste ihrer Gemeinde und für Sie.

Falls Sie es nicht wissen sollten, alle diese Anrufe, in denen um Hilfe gebeten wird, sind streng vertraulich. Sie brauchen noch nicht einmal Ihren Namen zu nennen. Sie können diese Nummern anrufen und Ihre Probleme jemand mitteilen, der geschult wurde, zuzuhören und Ihnen zu helfen, Ihre Probleme zu klären, und wenn Sie es wünschen, an jemand zu verweisen, vielleicht auch an eine Gruppe, die gerade für Sie von Nutzen sein könnte.

Es kann natürlich sein, daß man auch einmal an jemand gerät, der nicht so kompetent ist. Aber in einem solchen Fall können Sie immer noch einmal zu einer anderen Zeit anrufen. Ich will damit sagen, werfen Sie nicht alle Krisen-Nummern in einen Topf wegen einer unbefriedigenden Antwort eines freiwilligen Mitarbeiters. Versuchen Sie es weiter.

Professionelle Hilfe

Falls Sie mehr Information über professionelle psychische Hilfe haben möchten oder wissen wollen, was eine Therapie erreichen will, und Anleitung suchen, welcher Weg für Sie persönlich der beste wäre, verweise ich Sie auf eine Liste von Büchern, die am Ende dieses Buches steht. Hier will ich nur schnell auf die grundlegenden Dinge eingehen, damit Sie einen kleinen Überblick bekommen und ich ein oder zwei Anliegen, die ich noch habe, hervorheben kann.

Hausärzte

Immer wieder wird uns gesagt, wir sollten unsere Hausärzte aufsuchen, wenn wir Probleme haben, auch seelische. Ich persönlich finde diesen Rat etwas dürftig angesichts einer psychischen Krise. Mit einigen beachtlichen Ausnahmen und abgesehen von Psychiatern haben die meisten Ärzte nicht die entsprechende Ausbildung oder Erfahrung, um bei emotional erregten Menschen eine große Hilfe zu sein. Vielbeschäftigte Ärzte haben sehr oft nicht die Zeit, jemand zuzuhören, dessen Probleme so groß sind, daß er an Selbsttötung denkt. Viele haben alle fünfzehn Minuten einen neuen Patienten bestellt, und sie können sich einfach nicht eine Stunde Zeit nehmen, um einem Menschen in Not zuzuhören.

Es ist zwar tragisch, aber es kommt häufig vor, daß viele Menschen noch bei ihren Hausärzten waren und sich am gleichen Tag das Leben nahmen. Viele bringen sich auch gerade mit den von ihren Ärzten verschriebenen Medikamenten um. Kein Arzt, den ich kenne, wäre bereit, einem selbstmordgefährdeten Menschen eine tödliche Dosis Medikamente zu verabreichen.

Wenn Sie also zu Ihrem Hausarzt gehen, um Ihre Probleme zu besprechen, dann sagen Sie bitte ganz offen, daß Sie an Selbstmord denken. Wenn er nicht mit Ihnen darüber sprechen will oder den Eindruck erweckt, er habe zuviel zu tun, um Ihnen zuzuhören oder es versäumt, Sie an jemand zu verweisen, der diese Zeit hat, dann um Himmels willen suchen Sie von sich aus jemand, der die Fachkenntnisse hat und die Zeit, der vor allem weiß, was eine seelische und selbstmörderische Krise ist.

Ich kenne viele Hausärzte. Die meisten wissen genau, was sie tun müssen, wenn Sie ihnen sagen, Sie dächten an Selbsttötung. Die meisten werden Sie wahrscheinlich an einen Psychiater oder Psychologen überweisen, den sie kennen und zu dem sie Vertrauen haben, und werden mit ihm, wozu sie verpflichtet sind, bemüht sein, Ihnen die nötige Hilfe zukommen zu lassen.

Bitte vergessen Sie aber nicht, daß kein Arzt Gedanken lesen kann und Sie nicht darauf zählen können, daß er ahnt, was in Ihnen vorgeht, auch wenn Sie sich noch so hoffnungslos und deprimiert fühlen. Er wird Sie auch nicht routinemäßig fragen, ob Sie an Selbsttötung denken. So hart es Sie auch ankommt, Sie *müssen* ihm einfach sagen, was in Ihnen vorgeht.

Psychiater

Unter den Medizinern sind die Psychiater am besten ausgebildet, Ihnen bei Ihren Problemen zu helfen, besonders, wenn Sie an Suizid denken. Zunächst sind sie Allgemeinärzte und durchlaufen dann mehrere Jahre Spezialausbildung auf dem Gebiet menschlicher Verhaltensforschung. Sie wissen bestens Bescheid über selbstzerstörische Gedanken und beschäftigen sich die meiste Zeit ihres Berufslebens damit, Menschen zu helfen, die sich mit Depressionen, Wut und Einsamkeit herumplagen und all den anderen seelischen Kränkungen.

Da sich die Psychiater unter den Ärzten am besten auf dem Gebiet der psychischen Krankheiten und der Verschreibung der entsprechenden Medikamente auskennen, wenden Sie sich am besten sofort an sie, wenn Sie Medikamente zur Bekämpfung einer ernsten Depression brauchen.

Geistliche

Da sich viele Menschen an ihre Priester und Pastoren um Hilfe wenden, sollten Sie wissen, daß sie zwar alle menschlichen Probleme kennen, gewöhnlich aber keine besondere Ausbildung als Berater hatten. Das soll aber nicht heißen, daß sie ungeeignet wären, Ihnen zu helfen, sie haben einfach nicht die Zertifikate dieser besonderen Ausbildung. Die meisten Geistlichen, die ich kenne, leisten viel auf dem Feld der Beratung, und wenn sie meinen, sie könnten Ihnen bei Ihrem besonderen Anliegen nicht angemessen helfen, werden sie Sie an die richtige Stelle weiterleiten.

Drogen- und Alkohol-Spezialisten

Auch die Mitarbeiter von Suchtberatungsstellen sind auf dem weiten Gebiet menschlichen Verhaltens geschult und wissen, wie man in einer selbstmörderischen Krise hilft. Wenn Ihre Probleme, d. h. Ihre Suizidgedanken, Sie besonders beim Alkohol- oder Drogenkonsum bedrängen oder bei den Folgen der darauf folgenden Katerstimmung, dann haben Sie schon viel gewonnen, wenn Sie sich an einen solchen Spezialisten wenden.

Hinweise auf *weitere professionelle Hilfen* finden Sie im Anhang.

Fünf Schritte, um einen guten Therapeuten zu finden

1. Bitten Sie um Empfehlungen

Wenn Sie beschlossen haben, professionelle Hilfe in Anspruch zu nehmen, brauchen Sie eine Kontaktadresse. Eine Empfehlung bekommen Sie am schnellsten von einem Bekannten. Fragen Sie einen Freund, rufen Sie eine psychosoziale Beratungsstelle oder Ihre Krisen-Nummer an, oder lassen Sie sich von Ihrem Arzt an einen Psychotherapeuten/Psychiater überweisen.

Am besten Sie sprechen mit mehreren Leuten, so daß Sie eine Namensliste zusammenstellen können. Viele Menschen geben Ihnen sicher mehrere Adressen, und wahrscheinlich werden die gleichen Namen immer wieder auftauchen. Diese sollten Sie anrufen, sie haben den besten Ruf.

2. Überprüfen Sie die Referenzen

Wenn Sie unsicher sind, ob Sie sich an jemand überweisen lassen sollen, hier sind einige Tips, was Sie tun können, z. B. die Standesorganisation, der er angehört, anrufen, um festzustellen, ob er dort einen guten Ruf hat. Zum anderen können Sie den Betreffenden selbst anrufen und ihn telefonisch interviewen. Das ist Ihnen vielleicht etwas peinlich, aber wenn Sie Fragen über seine Zugehörigkeit zu gewissen Schulen, seine Referenzen und seine Ausbildung haben, dann zögern Sie nicht, diese Fragen zu stellen. Die meisten Therapeuten beantworten sie gern, wenn nicht, sehen Sie sich nach anderen um.

3. Fragen Sie den Therapeuten nach seiner Methode oder Technik

Wenn Sie wie die meisten unsicher sind, worauf Sie sich einlassen, haben Sie keine Hemmungen, alle nötigen Fragen zu stellen, wenn Sie mit ihm telefonieren. Gut wäre es, die Fragen vorher aufzuschreiben. Wird die Behandlung unter vier Augen stattfinden oder im Beisein Ihrer Frau oder Ihrer Familie? Welche Art von Therapie praktiziert er? Wieviel kostet die Behandlung? Das soll nicht heißen, Sie sollten ihn ewig am Telefon festhalten, aber wenn Ihre Fragen beantwortet sind, sehen Sie dem ersten Termin doch ruhiger entgegen.

4. Bitten Sie zunächst um eine Beratung

Es ist oft klüger, zunächst eine Beratung zu verabreden und sich nicht gleich auf eine längere Behandlung festzulegen. Eine Konsultation unterscheidet sich von einer Therapie dadurch, daß weder Sie noch der Therapeut sich auf eine Folge von Sitzungen festlegt. Es handelt sich um eine Stunde, in der sowohl Sie als auch der Arzt entscheiden, ob Sie miteinander arbeiten können oder nicht. Ich empfehle entschieden diesen Schritt. Nicht jeder mag jeden beim ersten Zusammentreffen, und eine unergiebige Beziehung in einer Therapie kann schlechter sein als gar keine.

5. Im Zweifelsfall ist eine zweite Meinung einzuholen

Nachdem Sie sich eine Liste von Therapeuten beschafft haben, merken Sie vielleicht nach der ersten Konsultation, daß Sie beide nicht gut miteinander zurechtgekommen sind. Wenn dem so ist, bemühen Sie sich auf jeden Fall um eine zweite Stellungnahme. Oder wenn Sie unsicher sind, ob dieser Therapeut Ihnen würde helfen können (oder wenn er Ihnen zu kalt oder gleichgültig oder zu eigentümlich vorkam), dann rufen Sie den nächsten auf Ihrer Liste an. Ihr Leben ist zu wichtig, um nicht in dieser Phase der Hilfesuche besonders vorsichtig zu sein.

Welche Art professioneller Hilfe?

Wer nicht mit dem breiten Spektrum professioneller Hilfe bei psychischen Krankheiten vertraut ist, wird gegebenenfalls sofort fragen: »Wen sollte ich aufsuchen?« Ich wünschte, die Antwort wäre leichter, aber ehrlich gesagt, ist die Welt der Therapeuten sehr verwirrend.

Allgemein über den Daumen gepeilt sollte aber gelten: je schwerer Ihre Probleme sind, desto qualifizierter sollte der Therapeut sein. Wenn Sie unter einer ernsten Depression leiden, unter Stimmungsschwankungen oder seelischen Problemen, die jegliche Arbeit unmöglich machen (und besonders wenn eine Verordnung von Medikamenten angezeigt ist), dann sollten Sie zu einem Psychiater gehen.

Meiner Erfahrung nach wissen qualifizierte Therapeuten, wann Sie einen Psychiater aufsuchen sollten und werden Sie an die richtige Stelle verweisen.

Schließlich bin ich der Überzeugung, nicht jeder braucht in einer solchen Krise gleich professionelle Hilfe. Sie können eine Menge selbst tun ohne fachmännische Anleitung, z. B. sich körperliche Bewegung verschaffen, Diät und Ernährung verbessern, spirituelle Antworten in Ihrer Kirche suchen, bei Ihrem Gott oder in Meditation. Sie können sich Selbsthilfegruppen anschließen, die sich ähnlichen Problemen widmen. Sie können einschlägige Bücher lesen, eine Menge Projekte zur Weiterbildung anpacken, die Ihre Lebensqualität verändern können. Sie können beschädigte Beziehungen aufgeben, Alkohol und Drogen beiseite lassen und überhaupt sich mehr um sich selbst kümmern.

Aber wenn es damit nicht klappt, dann denken Sie daran, wir Freiwilligen und Professionellen warten in den Kulissen auf Ihren Anruf, und ich meine das wörtlich, Tag und Nacht.

19. Eine Lebensphilosophie

Ich kann nicht wissen, ob Sie eine Lebensphilosophie haben oder nicht. Wenn Sie aber schon einmal an Selbsttötung dachten, haben Sie wahrscheinlich keine. Möglicherweise haben Sie in letzter Zeit Ihr Leben so unerträglich empfunden, daß Sie nicht mehr sicher sind, was positiv, wertvoll und lohnend am Leben ist. Vielleicht können Sie in dieser dunklen Stunde weder Ziel noch Sinn oder auch nur einen vernünftigen Grund dafür finden, weiterzuleben. Ich weiß nicht, wie es bei Ihnen steht, und wenn wir uns nicht irgendwo, irgendwann einmal begegnen, werde ich es nie erfahren.

Aber aus meiner Arbeit mit vielen Menschen, denen es ähnlich wie Ihnen geht, weiß ich eines ganz bestimmt: Wir brauchen, um solche harten Zeiten zu überstehen, unbedingt die Überzeugung, daß das Leben trotz seiner Qualen und Enttäuschungen letzten Endes besser ist als alles, was der Tod für uns bereithält. Und diese Überzeugung, gleichgültig, wie wir sie nennen oder in die Tat umsetzen, ist unsere Lebensphilosophie.

Ich weiß nicht, wann oder wie man eine solche Philosophie entwickelt, wie man zu solchen Werten oder Grundsätzen, Ideen oder Prinzipien kommt oder wie immer man Überzeugungen, um die sich das Leben mehr oder weniger glatt dreht, nennt. Aber ich glaube, im Laufe der Jahre lernt jeder, seinen einmaligen Platz in dieser Welt, unter seinen Mitmenschen, im Kosmos richtig einzuschätzen. Und meiner Ansicht nach sind wir keine »runden« Persönlichkeiten, wir können nie ganz zufrieden sein und uns nie im Einklang mit dieser oft irrsinnigen und quälenden Welt fühlen, wenn wir unseren Standort nicht kennen.

Wichtiger noch: Wenn wir unsere inneren Überzeugungen nicht kennen, sind wir in Krisenzeiten wie Grashalme dem Wind preisgegeben. Ohne feste Weltanschauung oder Glauben an uns selbst oder an unseren Gott können wir Opfer unserer Selbstzweifel werden,

Opfer unserer Emotionen und, in der Tat, Opfer unserer eigenen Feindseligkeit oder Hoffnungslosigkeit.

Ich meine, viel von dem, was ein Patient aus einer Sitzung bei einem Therapeuten mitnimmt, hat weniger damit zu tun, was der Therapeut tut, als mit dem, was er glaubt. Und daher habe ich jungen Therapeuten immer ans Herz gelegt, menschlichem Leben und Geist positiv gegenüber zu stehen und die Fähigkeit des Menschen, über seine Lebensumstände hinauszuwachsen und sie zum Besseren hin zu verändern, nicht geringzuschätzen. Wenn der Therapeut keine Hoffnung hat, wie kann sie dann der Patient haben? Wenn der Therapeut nicht den Wert des Lebens deutlich macht und starke Argumente gegen Tod und Suizid ins Feld führt, wie sollte der leidende Mensch das tun?

Als ich dieses Buch begann, las ich alles, dessen ich habhaft werden konnte: Über die Ethik des Todes von eigener Hand, z. B. das Argument für vernünftig begründeten Suizid, oder die Meinung, Menschen nicht daran zu hindern, wenn sie sich töten wollen, oder das Für und Wider, ob Therapeuten das Recht haben, ihre Überzeugungen anderen aufzuzwingen, ob sie mit Hilfe des Gesetzes einzuschreiten haben oder nicht, um eine Selbsttötung zu vereiteln. Mir fiel bei der Lektüre auf, daß viel von dem, was Fachleute über dieses Thema sagen, mehr oder weniger Ausdruck ihrer persönlichen Lebensphilosophie ist, daß ihre Informationen davon abhängen, welchen Wert das Leben für sie hat, ob es ihnen heilig ist, welchen Sinn und Nutzen sie ihm für sich und andere zumessen, auch im Hinblick auf die Zukunft des Menschengeschlechtes.

Vielleicht ist die Einsicht in diese Zusammenhänge philosophisches Gemeingut. Da ich hierin kein Fachmann bin, bin ich mir dessen nicht so sicher. Aber beim Lesen wurde mir eine Sache klar: In meiner Arbeit mit suizidgefährdeten Menschen muß ich versuchen, jeden, der mein Sprechzimmer betritt und damit auch mein Bezugssystem, an meinen Wertvorstellungen, meiner persönlichen und philosophischen Welt teilhaben zu lassen. Und von daher werde ich mich als Berater und Therapeut immer entschließen, alles zu tun, was ich kann, um einen, wie ich meine, unnötigen Akt der Selbsttötung zu verhindern.

Da Sie nun das Buch fast durchgelesen haben, fühlen Sie sich vielleicht in gewisser Weise hereingelegt. Es ist ja möglich, daß Sie zunächst hofften, von mir bestätigt zu bekommen, daß Ihr Leben wirklich nicht lebenswert ist. Und nun finden Sie auch im letzten Kapitel keine solche Rechtfertigung, sondern im Gegenteil, daß ich unter fast allen Umständen ein Gegner der Selbsttötungsentscheidung bin. Ich hoffe, Sie fühlen sich nicht getäuscht, aber falls doch, sollten Sie den beabsichtigten Zweck erkennen, nämlich Sie am Leben zu erhalten, bis Sie selbst Gründe für Ihr Weiterleben finden. Und zu dieser Überzeugung stehe ich.

So bitte ich Sie also am Ende dieses Buches, über Ihre eigene Lebensphilosophie nachzudenken, oder wenn Sie meinen, keine zu haben, sich doch zu überlegen, ob Sie nicht vielleicht eine brauchen könnten – einfach ein paar gute Gründe, um weiterzuleben. Denn ich bin überzeugt, daß, wenn Sie sich nur die Zeit nehmen, Ihr Leben zu überdenken, Ihre Ziele, Ihre guten und schlechten Eigenschaften, sich diese Mühe lohnen wird, und die damit gewonnene Kraft und Selbsterkenntnis der beste Schutz gegen Selbsttötung sein werden.

Ich denke, schon nach einer relativ kurzen Lebensstrecke hat man einige Meinungen darüber entwickelt, worum es im Leben geht und was es heißt, ein Mensch zu sein. Und sicher halten auch Sie, gleichgültig wie alt Sie jetzt sind, einige Dinge für wahr und besitzen also, unbewußt, durchaus eine Art Lebensphilosophie. Das können religiöse Überzeugungen sein, spirituelle Glaubenssätze, Vorstellungen, wie Menschen sind, wie sie handeln und wie sie einander behandeln »sollten«. Und wahrscheinlich wissen Sie auch schon sehr viel über sich selbst.

Die Frage ist daher nicht, ob Sie eine Lebensphilosophie haben. Es geht darum, die, die Sie besitzen, auszuweiten, anzureichern, irgendwie hochzupäppeln, damit sie ein großes Schwungrad wird, das sich dreht und dreht und dreht und Sie durch die schlechten Zeiten trägt. Wenn es nicht gelingt, sich klarzuwerden, was man glaubt und was das eigene Leben bedeutet, beginnt man sich ständig mit dem eigenen Tod zu befassen und darüber nachzudenken, wie man ihn erreichen könnte. Der Gedanke an den durch eigene Hand herbeigeführten Tod kann uns natürlich überfallen und durch die langen und einsamen Nächte tragen, aber es sind eben doch die Träume vom morgigen Tag, die unser Leben erträglich und lebenswert machen. Jemand hat einmal gesagt: Ohne unsere Träume sterben wir.

Meine eigene Lebensphilosophie ist nicht wichtig. Und obgleich

ich lange und angestrengt darüber nachgedacht habe, was ich glaube, würde ich von niemand erwarten, die Dinge so zu sehen und zu empfinden wie ich oder zu denselben Konsequenzen in bezug auf die menschliche Natur und die Bedeutung des Menschseins zu kommen. Es ist meine eigene Philosophie, die möglicherweise von einigen Menschen geteilt wird, doch bestimmt nicht von allen. Das würde ich auch gar nicht erwarten. Für mich ist wichtig, eine persönliche Weltanschauung zu haben, denn dann kann ich schwierige Entscheidungen mit einer gewissen inneren Folgerichtigkeit treffen, mit dem Gefühl, nach Prinzipien zu handeln, die ich zu meinen eigenen gemacht habe. Die können richtig oder falsch sein. Aber sie sollen zu mir gehören, und ich will von ihnen sagen, sie machen aus, *wer* ich bin, nicht was ich bin.

Machen Sie sich ein Geschenk

Ich möchte Sie jetzt bitten, sich selbst ein kostbares Geschenk zu machen, und zwar folgendes: sich die Zeit, den Raum und die Ruhe zu nehmen und darüber nachzudenken, was es für Sie bedeutet, ein Mensch zu sein und ein Leben vor sich zu haben. Zugegeben, das eine geistige Suche, sogar eine existentielle. Und man könnte einwenden, es gehöre nicht zum Geschäft eines Psychologen, auf religiösem, philosophischem oder spirituellem Gebiet herumzupfuschen.

Aber was andere von mir denken, ist in diesem Augenblick unwichtig. Es geht darum, mich zu dem zu bekennen, was ich glaube, und dazu gehört die Überzeugung: Sie werden stärker werden, wenn Sie erst einmal beginnen, in sich hineinzuschauen auf der schwierigen Suche nach sich selbst.

In dieser vielleicht kritischsten Zeit Ihres Lebens wird eine solche Suche sehr mühsam sein, das ist mir klar. Aber es ist doch zu einfach, bloß die Überzeugungen anderer zu übernehmen. Wir leben in einer Zeit der Schnellrestaurants, der Warenhäuser mit allem Komfort der Neuzeit und spitzfindiger Wortklaubereien, die sich als Weisheit verkaufen, und ich habe mich schon manchmal gefragt, ob wir nicht alle Opfer einer Überholer-Mentalität sind, bei der schnelle Lösungen wie Suizid einfacher erscheinen als die Auseinandersetzung mit unseren eigenen Gedanken, Ängsten und Zweifeln: Eine Auseinandersetzung, bei der wir schließlich begreifen, daß um der Liebe willen Opfer gebracht werden müssen. Wie dürfen nicht erwarten, daß Liebe uns mit Rückgaberecht und Kostenerstattung auf dem Tablett überreicht wird.

Wahrscheinlich haben Sie auch schon einmal den Spruch gehört: »Das Leben ist hundsgemein, und sterben muß man auch!« Das ist ein flotter Einzeiler. Aber trifft er auch zu? Trifft er für Sie zu? Wenn bei mir nicht alles so lief, wie vorgesehen, habe ich mir diesen kurzen Satz auch schon gesagt. Aber er ist eine massive und negative Aussage über das Leben; der Satz mag als Scherz hingehen, aber ich glaube doch nicht, daß er für mich stets und unter allen Umständen zutrifft. Genausogut könnte ich nämlich auch sagen: »Das Leben ist ein Picknickplatz, aber manchmal gerät man an Ameisen.«

Der erste Slogan rechtfertigt meinen gelegentlichen Pessimismus, der zweite fordert mich heraus, Schwierigkeiten nicht auszuweichen. Ich muß wählen, bewußt, täglich. Und ich möchte Sie bitten, das gleiche zu tun.

Wie wir auch zu unseren Überzeugungen gekommen sind, wir sollten doch innehalten, nachdenken und entscheiden, ob wir das, was wir sagen, wirklich glauben. Wenn nämlich der Entschluß zur Selbsttötung in unserem Kopf zu kreisen beginnt, ist es dann nicht sehr leicht, die wesentlichen Fragen zu vermeiden und aus dem einzigen Leben, das wir haben, auszusteigen? Ist es nicht zu einfach zu sagen: »Das Leben ist hundsgemein, und sterben muß man auch... und warum dann nicht gleich und die Angelegenheit hinter sich bringen?« Denn wenn es so wäre, wäre es zu einfach, zu glatt, zu patent. Es wäre eine Pfennig-Philosophie in einer Millionendollarwelt.

Ich bitte Sie also zu überlegen, ob es nicht an der Zeit ist, an die harten Fragen heranzugehen, um zu erfahren, wer Sie sind und woran Sie glauben? Wenn Sie nicht viel anders sind als wir alle, werden Sie nicht alles, was Sie im Spiegel sehen, gern akzeptieren. Aber was soll's – Vollkommenheit ist erst im nächsten Leben vorgesehen.

Hier und jetzt müssen wir mit den Beulen und Flecken fertig werden, mit den schlechten Gewohnheiten, den Schwächen, den Fehlern, den häßlichen Seiten unseres Charakters, die wir so gerne los wären, die aber wie Teer an uns zu kleben scheinen. Wir sollten alle mit uns besser zurechtkommen, um trotz unserer Unvollkommenheit weitermachen zu können mit dem, was gut und wertvoll ist und was die Mühe lohnt. Und wir sollten aufhören, uns und die, die wir lieben, ständig zu verletzen.

Es wird keinen Neuigkeitswert für Sie haben, wenn ich sage, daß niemand lebendig aus diesem Leben herauskommt und daß wir, solange wir hier sind, etwas brauchen, an das wir glauben, um weitermachen zu können. Ich weiß nicht, was Sie brauchen oder wo Sie es finden werden, aber wenn Sie sich umsehen, werden Sie – ganz sicher – etwas finden, wofür es sich zu leben lohnt, einen Grund, um einen Fuß vor den anderen zu setzen, bis bessere Tage kommen.

Ich möchte Ihnen eine Erfahrung gestehen. Ich habe die längsten Therapiestunden mit suizidgefährdeten Menschen verbracht, die fest überzeugt waren, ihr Leben sei zu Ende und sie müßten nur noch das Sterben hinter sich bringen. Sie konnten trotz ihrer und meiner Bemühungen keinen Weg finden, der ihnen ermöglichte, weiterzuleben. Aber weil sie nicht aufgaben und ich auch nicht, kamen wir durch. Und mit der Zeit klärte sich die Lage, und wir (und ich meine *wir*) überlebten.

Ich werde Ihnen sagen, was ich oft anderen gesagt habe, die sich in einer Suizidkrise befanden, und die nach einer Begründung suchten, um weiterleben zu können. Sie fühlten sich – vielleicht wie Sie – verlassen und ohne Hoffnung oder Versprechen für die Zukunft. Sie glaubten nicht an eine höhere Macht, die sie halten könnte. Und sosehr ich wünschte, sie mit meiner Lebensfreude und Philosophie anzustecken, ist das doch nicht leicht. Denn aus welchen Gründen auch immer jemand in eine lebensbedrohende Krise gerät, die optimistische Lebenseinstellung eines anderen kann da nicht viel bewirken. Ich habe in dieser Situation immer diese Geschichte erzählt:

Wir sind wie zwei Menschen auf einem Schiff, sagte ich, das auf hoher See vom Kurs abgekommen und dessen Kapitän offenbar über Bord gefallen ist. Niemand ist am Steuer. Keine Funkverbindung mehr, um uns dichter Nebel, niemand kann erkennen, wohin wir treiben. Kein Leuchtfeuer an einer freundlichen Küste weist uns einen Weg, kein Rettungsschiff zu hören. Einer von uns hat schreckliche Angst. Der andere – ich – hat auch Angst, aber ein bißchen weniger, weil mich etwas in Trab hält. Ich habe eine Aufgabe.

Meine Aufgabe ist es, Trost zuzusprechen, bis wir gefunden werden oder bis sich der Nebel lichtet, und wir beide wieder klar sehen können. Unsere Beziehung ist eine zweigleisige. Damit ich mich gut fühlen kann, weil ich Trost und Mut zuspreche, müssen Sie willens sein, auszuhalten, nicht etwa über Bord zu springen, weil Ihre Angst vor dem Unbekannten größer ist als die Angst vor dem Hier und Jetzt.

Und so werden wir unsere Angst teilen und uns dabei kennenlernen. Wir werden reden, Witze machen, Geschichten erzählen und nett zueinander sein. Wir werden vielleicht nicht bald gerettet, vielleicht auch nie, aber in unserer Verlorenheit werden wir zusammen sein, und dadurch werden unsere Ängste nachlassen, und wir werden ein Ziel in unserem Dasein sehen.

Ich hoffe, da Sie nun dieses Buch gelesen haben, daß Sie selbst das Richtige tun werden, um weiterzumachen: die Hand ausstrecken, einen Telefonanruf machen, mit jemand reden, den Sie kennen und schätzen, einen Therapeuten aufsuchen, einen Weg zurück zu Gott finden, einfach irgend etwas tun, um Ihre Isolation und Ihr Leiden zu beenden. Wenn Sie gleich damit anfangen und sich die nötige Zeit geben, damit sich der Nebel heben und die Krise vorbeigehen kann, dann weiß ich, daß Sie es schaffen werden, und ich werde glücklich sein, daß ich diese Zeit mit Ihnen verbracht habe.

Zuletzt möchte ich Ihnen noch etwas zu bedenken geben, ein Wort aus dem Talmud:

»Wer *ein* Leben rettet, der rettet die ganze Welt.«

Indem Sie das Leben wählen, können Sie dieser Mensch sein.

Epilog

Seit dem ersten Erscheinen dieses Buches ist viel geschehen. Die Welt hat sich verändert. Die Berliner Mauer ist gefallen. Kriege begannen und endeten wieder. Das AIDS-Virus hat die Herzen der Menschen überall auf der Welt mit einer neuen Art von Schrecken erfüllt. Und wir sind mit einem Mal gezwungen, unsere Überzeugung, daß das Leben etwas Heiliges ist, neu zu überdenken. Die moderne Medizin hat in jüngster Zeit Fortschritte gemacht, die ohne weiteres als wunderbar bezeichnet werden können. Die Menschen sterben immer noch eines natürlichen Todes, aber die verfügbaren Möglichkeiten, das Leben um Tage, Monate, selbst Jahre zu verlängern, sind schwindelerregend.

Allerdings fragt sich manch einer heutzutage: zu welchem Preis? Und mit welch einer Lebensqualität?

Weil Freiheit bedeutet, die freie Wahl zu haben, gibt es hier in Amerika und auch anderswo auf der Welt Menschen, die das Verständnis von Freiheit erweitern wollen zur Freiheit, sich das eigene Leben zu nehmen – sei es nun mit oder ohne die legale Unterstützung eines Arztes. Der Erfolg, den das Buch „Final Exit" von Derek Humphry in den USA hatte (das Buch ist eine Anleitung zum Suizid), läßt vermuten, daß es viele tausend Menschen gibt, die ein Bedürfnis nach solchen Informationen haben.

Da ich die Gedanken der Menschen, die dieses Buch kaufen, nicht kenne, kann ich nur vermuten, daß ein Großteil von ihnen vernünftige Leute sind, die in dem Bewußtsein, daß sie vielleicht irgendwann in ihrem Leben einmal mit der Gewißheit eines langsamen, schmerzhaften und würdelosen Sterbens konfrontiert sein werden, darüber nachdenken, in dieser Situation ihrem Leben selbst ein Ende zu setzen.

Wo es um Menschen geht, die sterben, und um eine so individuelle Angelegenheit, sehe ich mich nicht dazu in der Lage – weder auf persönlicher noch auf professioneller Ebene –, einer solchen Entscheidung logische, klinische oder moralische Einwände entgegenzusetzen.

Als Psychologe jedoch, der mit hunderten von suizidgefährdeten Menschen gearbeitet hat, ist mir auch schmerzlich bewußt, daß Depressionen die am weitesten verbreitete Krankheit unserer Gesellschaft sind, daß selbst unbehandelte Depressionen vorübergehen können und daß es erfolgreiche Therapien dagegen gibt. Ich weiß, daß die Vorurteile, die unsere Gesellschaft gegen das Alter hegt (und die bei jungen und alten Menschen gleichermaßen bestehen), zur Selbstzerstörung führen können, und daß ein Großteil der Probleme, die Menschen in den Suizid treiben, wenig mit Extremsituationen wie dem schmerzvollen Sterben zu tun haben, sondern vielmehr mit seelischen Nöten wie etwa einem gebrochenen Herzen und zerstörten Träumen. Selbst die tiefste Hoffnungslosigkeit geht vorüber – manchmal braucht es dazu nicht mehr als einfach nur Zeit.

Seit dieses Buch erstmals erschien, habe ich zahlreiche Leserbriefe erhalten. Im folgenden sind Auszüge aus einigen dieser Briefe abgedruckt (die Namensangaben wurden weggelassen). Vielleicht helfen Sie Ihnen zu begreifen, wie wichtig es ist, daß Sie sich selbst genügend Zeit geben – Zeit zu verstehen; Zeit sich auszuruhen, zu lernen und Dinge nochmals zu überdenken; Zeit, um innerlich zu heilen und Zeit, um der Zukunft eine Chance zu geben.

– Seit ziemlich langer Zeit denke ich daran, mich umzubringen. Das einzige, was mich zurückhält, ist der Gedanke, es könnte nicht klappen. Stimmt es, daß es mehr mißglückte Suizidversuche gibt als erfolgreiche? Ich muß schon ganz schön dumm sein – ich traue mir nicht einmal zu, daß ich es schaffe, mir das Leben zu nehmen. So viele Leute schaffen es. Wenn ich wüßte, ich könnte mir erfolgreich das Leben nehmen, würde ich jetzt bestimmt nicht hier sitzen und schreiben, und ich hätte dann auch nicht Ihr Buch gelesen.
– Am 15. Juni dieses Jahres plante ich gerade, auf welche Art genau ich mich umbringen wollte, als mir Ihr Buch wieder einfiel, das ich noch nicht gelesen hatte. Also begann ich es zu lesen ... die ganze Nacht lang. Ich schreibe, um Ihnen zu sagen, daß Sie

wahrscheinlich mein Leben gerettet haben. Es war genau so, wie Sie in Ihrem Buch schreiben: direkt am nächsten Tag rief mich ein Freund an, um mir zu sagen, daß er zu Besuch käme. Ich werde mich nun nach Hilfe umschauen. Vielen Dank, daß Sie mir die Hoffnung und den Mut gegeben haben, weiterzuleben.
- Ich habe das Gefühl, Sie zu kennen. Heute bin ich in die Bibliothek gegangen: Weil ich selbst oft daran denke, mit dem Leben Schluß zu machen, habe ich nach Büchern über Nahtod-Erfahrungen gesucht. Ich fand kein einziges und verbrachte den ganzen Nachmittag damit, Ihr Buch zu lesen. Ich habe es in einem Zug durchgelesen. Man könnte sagen, Sie haben Ihr Ziel erreicht: Ich habe es nochmal um einen Tag oder so verschoben, mich umzubringen. Ich bin noch nicht ganz an dem Punkt, wo ich mein ganzes Elend ein für allemal beenden möchte.
- Ich habe Ihr Buch im letzten Jahr gekauft. Damals hielt es mich davon ab, mir das Leben zu nehmen. Zwei Monate später jedoch kam es mir nicht in den Sinn, einen Blick hinein zu werfen, bevor ich eine Überdosis nahm. Noch zwei weitere Male im letzten Jahr ignorierte ich Ihre Ratschläge und landete auf der Intensivstation. Obwohl ich ein paarmal versucht habe, mich umzubringen und dies vielleicht auch in Zukunft nochmals versuchen werde, glaube ich, daß Ihr Buch das Beste ist, was es zu diesem Thema gibt [...]. Ich danke Ihnen dafür, daß Sie einen Teil Ihrer selbst mit anderen teilen. Ich weiß das zu schätzen.
- Als ich Ihr Buch las, hatte ich Angst, daß ich Ernst machen und mir wirklich das Leben nehmen würde. Aber nachdem ich das ganze Buch gelesen habe, kann ich zwar nicht sagen, daß ich geheilt bin, aber ich fühle mich schon sehr viel besser. Ich werde das Buch meinem Psychologen zu lesen geben.
- Ich schreibe, um Ihnen zu sagen, wie sehr ich die Aufrichtigkeit in Ihrem Buch schätze. Nachdem mein Suizidversuch im Juni mißglückt war, sagte ich mir, daß ich mich in Januar umbringen würde – und zwar richtig. Gestern jedoch entschied ich mich für das Leben. Ich werde das Gewehr (es gehört meinem Vater) am 6. Oktober an meinen Psychiater übergeben. Ihr Buch hat mir vieles bewußt gemacht. Ich glaube, das Leben hat mir noch etwas Besseres zu bieten, und ich werde dafür kämpfen, daß ich es auch bekomme.

– Meine Lebensgeschichte werde ich Ihnen nicht erzählen, aber ich will Ihnen sagen, daß ich versucht habe, mich umzubringen. Ich dachte, ich wüßte, wie man überdosiert (ich bin Krankenschwester). Mit der Dosierung, die ich nahm, hätte es eigentlich klappen müssen, aber ich lebe noch. Ich werde Ihr Buch nun nochmals lesen. Da heute Weihnachten ist, möchte ich Ihnen für das beste Weihnachtsgeschenk danken – Ihr Verständnis, Ihre Hoffnung und Ihre Ermutigung.
– Ihr Buch hat mir sehr gut gefallen. Bei mir ist es so: Mal möchte ich mich umbringen, dann wieder nicht. Zusammen mit Ihrem Buch kaufte ich mir eine große Packung Schmerztabletten. Ich entschloß mich, zuerst Ihr Buch zu lesen. Und als ich damit durch war – wissen Sie, was ich dann tat? Ich warf die Tabletten in die Toilette und spülte sie hinunter. Ihr Buch zuerst zu lesen war das Klügste, was ich seit langem getan habe. Ich wollte Sie nur wissen lassen, daß es geholfen hat.

Lassen Sie mich zum Schluß die Hoffnung ausdrücken, daß auch Sie nach der Lektüre dieses Buches und dieser Briefauszüge einen Weg finden können, sich selbst nochmals das Leben zu schenken.

Professionelle Hilfen in der Nähe

Von Dr. med. Michel Heinrich

Suchen Sie hierzulande Hilfe in Ihrer suizidalen Krise, dann wenden Sie sich bitte an die Telefonseelsorge, den speziellen Krisendienst für Suizidgefährdete, einen Psychiater/Nervenarzt, eine psychologische Beratungsstelle, den sozialpsychiatrischen Dienst oder einen anderen Therapeuten.

Was über Hausärzte, Psychiater, Geistliche und Suchtberater vom Autor geschrieben wurde, trifft auch weitgehend auf unsere Verhältnisse zu. Professionelle anderer Berufe sind hier meist anders ausgebildet und angestellt als in Amerika. Besonders wichtig ist es für Sie zu wissen, daß Sie in Ihrer Not zuerst einmal von jedem Professionellen und in jeder Einrichtung Hilfe erwarten können, ohne dafür bezahlen zu müssen; es sei denn, Sie wollen bewußt als Privatpatient behandelt werden. Doch beachten Sie bitte folgendes: Die Arbeit aller Ärzte wird von den Krankenkassen finanziert. Also sollten Sie ihre Versichertenkarte (CHIP-Karte) mitnehmen oder sich von Ihrem Hausarzt einen Überweisungsschein geben lassen. Erst wenn es sich zeigt, daß Sie über längere Zeit Hilfe nötig haben, wird der Helfer, der Arzt, der Psychotherapeut mit Ihnen besprechen, wie diese Hilfe finanziert wird.

Telefonseelsorge

Die Telefonseelsorge ist weit verbreitet und von überall her kostenlos zu erreichen. Sie ist Tag und Nacht mit geschulten Helfern besetzt. Dort können Sie andere gute Adressen erfahren. Sie brauchen Ihren Namen nicht zu nennen und dürfen sich wirklich aussprechen. Auch wenn Sie kein Christ sind, keine religiösen Fragen haben, sind Sie trotzdem gerade bei der Telefonseelsorge richtig verbunden. Ist dort einmal belegt, dann geben Sie bitte nicht auf, rufen Sie solange an, bis für Sie die Leitung frei ist.

Die Telefonnummern sind in der Bundesrepublik Deutschland bundeseinheitlich 08 00/1 11 01 11 oder 1 11 02 22 (Kinder- und Jugendtelefon: 08 00/1 11 03 33) und stehen in den Fernsprechbüchern unter „Beratungstelefon". Sollten Sie mit Ihrer monatlichen Telefonrechnung auch eine Übersicht über alle hergestellten Telefonverbindungen erhalten, so erscheinen die Nummern des Beratungstelefons nicht in dieser Übersicht. In Österreich hat die Telefonseelsorge die Nummer 1 42, in der Schweiz sind die Telefonseelsorgestellen (Dargebotene Hand) generell unter der Nummer 1 43 zu erreichen.

Krisendienst für Suizidgefährdete

Ist Ihnen das Telefon zu anonym? Würden Sie gerne Ihrem Helfer gegenüber sitzen oder suchen Sie einen »Freund auf Zeit«? Dann wenden Sie sich am besten an eine der im Anhang aufgeführten Adressen, die von der deutschen Gesellschaft für Suizidprävention zusammengetragen wurden. Die Liste ist sicher nicht vollständig, da weitere Krisendienste eingerichtet werden. Die Liste enthält auch sehr verschiedenartige Adressen, aber alle sind bereit, sich Ihnen sofort zuzuwenden und Ihnen weiterzuhelfen. Der Arbeitskreis Leben (AKL), die Arche, Brücke und Vereine mit anderen Namen bieten Krisenhilfe von Laien an, die soweit geschult sind, daß sie auf ihre Weise auch Professionelle genannt werden könnten. Mit ihnen können Sie auch mal Kaffee trinken gehen oder sie zu sich nach Hause einladen, wenn Sie sonst keine Besuche bekommen. Von diesen ehrenamtlichen Helfern können Sie keine Psychotherapie, aber Verständnis für alle ihre Unzulänglichkeiten erwarten. Sie helfen Ihnen auch, fachspezifische Behandlung zu finden.

Psychologische Beratungsstellen

In den meisten Städten finden Sie Ehe-, Familien- und Lebensberatungsstellen. Dort arbeiten Psychologen und Sozialpädagogen, die in Eheberatung, Familientherapie oder anderen Therapieformen ausgebildet sind. Auch wenn dort ein Terminkalender geführt wird und Sie ein paar Wochen auf einen Termin warten müßten: scheuen Sie sich bitte nicht zu sagen, daß sie am Leben zweifeln, voller Angst und Verzweiflung oder eben suizidgefährdet sind. Denn man wird Ihnen allermeist gleich ein Gespräch anbieten. Verabreden Sie dort möglichst auch, daß Sie Ihren Partner oder Ihre Kinder mitbringen, wenn Sie mit denen Probleme haben.

Sozialpsychiatrische Dienste

Wer über längere Zeit, d. h. chronisch psychisch krank ist, sollte sich angewöhnen, zusätzlich zur Behandlung durch den Psychiater auch regelmäßig Kontakt mit dem Sozialpsychiatrischen Dienst seiner Region zu haben. Dann kann er sich in der suizidalen Not auch direkt dorthin wenden, um konkrete soziale wie psychische Hilfe zu bekommen. Fragen Sie also unbedingt Ihren behandelnden Arzt oder Psychiater nach der Adresse dieses Dienstes und bitten Sie ihn dringend um Zusammenarbeit.

Psychotherapeuten

Es gibt sehr viele therapeutische Methoden und entsprechend viele, die sich Therapeuten nennen. Für Sie, die/der Sie merken, daß sich tiefe Kränkungen, Ängste, Depressionen und seelisch bedingte körperliche Beschwerden nicht überwinden lassen, sich eher wiederholen, und der/die Sie merken, daß Sie daran arbeiten möchten, braucht die Vielzahl der Therapeuten nicht verwirrend zu sein.

Ärzte und Psychologen können beide durch eine Zusatzausbildung Psychoanalytiker oder Verhaltenstherapeuten werden. Therapeuten mit diesen Ausbildungen sind auch bei den Kassen zugelassen. Gut, sie haben oft lange Wartezeiten. Aber es lohnt sich auf einen Termin zu warten, wenn man sich selbst in seinem Empfinden und Verhalten besser kennenlernen und sich ändern will.

Im Krankenhaus

Sie haben Hilfe nicht rechtzeitig gefunden oder nicht angenommen und versucht, Ihrem Leben ein Ende zu setzen, wenigstens eine Pause einzulegen mit Hilfe von zuviel Schlafmitteln. Sie sind ins Krankenhaus gekommen und haben dort den Suizidversuch hoffentlich körperlich gut überstanden. Bitte begnügen Sie sich nicht mit der körperlichen Wiederherstellung, nehmen Sie sich und Ihren Suizidversuch ernst. Öffnen Sie sich im Gespräch dem Pfleger, der Ärztin, dem Sozialarbeiter oder der Seelsorgerin und erwarten Sie, daß man Ihnen Zeit zum Gespräch gibt. Verlangen Sie, daß in Ihrem Beisein ein Termin bei Ihrem Psychiater, Psychotherapeuten, dem AKL oder einem anderen nachsorgenden Helfer festgelegt wird; besser noch wäre es, wenn Sie von ihm in der Klinik besucht wer-den. Sie haben ein Recht auf eine umfassende Krisenintervention im Krankenhaus.

Hilfen für Helfer

Auch Therapeuten und ehrenamtliche Helfer sollten sowenig wie der Suizidgefährdete meinen, sie müßten alles alleine bewältigen. Wer Kontakt zu anderen Helfern, weiterführende Literatur u. a. Anleitung sucht, kann sich schriftlich an die Deutsche Gesellschaft für Suizidprävention – Hilfe in Lebenskrisen e. V., Prof. Dr. Manfred Wolfersdorf, Bezirkskrankenhaus Bayreuth, Klinik für Psychiatrie und Psychotherapie, Nordring 2, 95445 Bayreuth wenden.

Initiativen und Einrichtungen der Suizidprophylaxe

Deutschland

Telefonseelsorge: 08 00/1 11 01 11 oder 1 11 02 22;
Kinder- und Jugendtelefon: 08 00/1 11 03 33

Postleitzahl 0

- Betreuungsstelle für Suizidgefährdete (in der Poliklinik für Psychiatrie), Fetscherstr. 74, 01307 Dresden,
  Tel. 03 51/4 58 31 11

Postleitzahl 1

- Kriseninterventionszentrum Krankenhaus Moabit,
  Turmstr. 21, 10559 Berlin,
  Tel. 0 30/39 37 20 40

- Krisen- und Beratungsdienst e.V.,
  Apostel-Paulus-Str. 35, 10823 Berlin,
  Tel. 0 30/7 81 85 85

- Kriseninterventionsstation im Krankenhaus am Urban,
  Dieffenbachstr. 1, 10967 Berlin,
  Tel. 0 30/69 77 02

- Kriseninterventionsstation im Krankenhaus Neukölln,
  Rudower Str. 48, 12351 Berlin,
  Tel. 0 30/60 04 22 29

- Krisenambulanz in Wedding,
  Malplaquetstr. 32, 13347 Berlin,
  Tel. 0 30/4 55 30 30

- Psychiatrischer Notdienst in Berlin-Charlottenburg und
  Wilmersdorf, Horstweg 2, 14059 Berlin,
  Tel. 0 30/3 22 20 20

- Beratungsstelle NEUhland,
  Nikolsburger Platz 6, 10717 Berlin,
  Tel. 030/87 30 111,
  Fax 0 30/87 33 215,
  Internet: http.//www.neuhland.de

Postleitzahl 2

- Verein zur Suizidprophylaxe e.V.,
  Kleiner Pulverteich 15a, 20099 Hamburg,
  Tel. 0 40/24 63 95

- Therapiezentrum für Suizidgefährdete -TZS Universität
  Hamburg, Universitätskrankenhaus Eppendorf,
  Martinistr. 52, 20246 Hamburg,
  Tel. 0 40/47 17- 41 12,
  Fax 0 40/4 71 71 12

- Psychosoziale Kontaktstelle – LOTSE,
  Fährstr. 70, 21107 Hamburg-Wilhelmsburg,
  Tel. 0 40/75 99 99

- Die Brücke e.V.,
  Großflecken 26, 24534 Neumünster,
  Tel. 04 32/47 77 0

- Anonymes Beratungszentrum für junge Menschen e.V.,
  Grazer Str. 76, 27568 Bremerhaven,
  Tel. 04 71/4 29 29

- Offene Tür Bremen,
  Balgebrücke 22, 28195 Bremen,
  Tel. 04 21/32 42 72

- Sozialpsychiatrischer Dienst,
  Hornerstr. 60-70, 28203 Bremen,
  Tel. 04 21/36 11 55 66

Postleitzahl 3

- Präventionsprogramm Polizei/Sozialarbeiter (PPS),
  Gartenallee 14, 30449 Hannover,
  Tel. 05 11/44 69 96 oder 45 74 13 oder 1 09 39 48

- Beratungsstelle für Selbstmordgefährdete –
  Verein für Suizidprävention,
  Bahnhofsallee 26, 31134 Hildesheim,
  Tel. 0 51 21/5 88 28 oder 51 62 68

- DER RING e.V., Kontakt für Menschen in Not und Angehörige, Ilseder Str. 39, 31226 Peine,
  Tel. 0 51 71/5 21 21

- Hilfe zum Weiterleben – AK für Selbstmordverhütung und Krisenberatung e.V., Postfach 1818, 32708 Detmold,
  Tel. 0 52 31/3 33 77

- Psychosozialer Krisen- und Notfalldienst der Stadt Bielefeld,
  August-Bebel-Str. 92, 33602 Bielefeld,
  Tel. 05 21/51 67 28

- Krisenberatung Hilfe für Selbstmordgefährdete,
  Johanneswerkstr. 12, 33611 Bielefeld,
  Tel. 05 21/8 30 42

- KOMM – Kontakte – Beratung in Krisen – Suizidberatung
  e.V., Goethestr. 34, 34119 Kassel,
  Tel. 05 61/77 39 30

- Die Brücke – Beratung für Menschen mit seelischen Problemen, Löher Str. 37, 36037 Fulda,
  Tel. 06 61/7 30 23

- Krisenberatung,
  Parkstr. 8a, 38102 Braunschweig,
  Tel. 05 31/22 01 10

- „Die Arche", Verein für psychosoziale Hilfen e.V.,
  Kommißstr. 5, 38300 Wolfenbüttel,
  Tel. 0 53 31/2 78 49

Postleitzahl 4

- Krisen- und Kontaktzentrum,
  Virchowstr. 10, 44263 Dortmund,
  Tel. 02 31/43 50 77

- Psychiatrisches und neurologisches Gesundheitsinsitut
  für Lebensberatung,
  Willi-Becker-Allee 10, 40227 Düsseldorf,
  Tel. 02 11/8 99 53 91

- Krisenbegleitung,
  Vom-Rath-Str. 10, 47051 Duisburg,
  Tel. 02 03/2 26 56

- Krisenhilfe Münster,
  Spiekerhof 44, 48143 Münster,
  Tel. 02 51/51 90 05,
  Internet: http://www.muenster.org/krisenhilfe

Postleitzahl 5

- Hilfe zum Weiterleben,
  Miorilenstr. 3, 52062 Aachen,
  Tel. 02 41/3 90 99

- Psychosoziale Arbeitsgemeinschaft Köln,
  Neumarkt 15–21, 50667 Köln,
  Tel. 02 21/2 21 45 60

- Michael-Franke-Stiftung,
  Quantius Str. 8, 53115 Bonn,
  Tel. 02 28/69 69 39

- Arbeitskreis Suizidgefährdete,
  Meckenheimer Str. 85, 53179 Bonn,
  Tel. 02 28/34 35 63

- TECUM – Verein zur Betreuung suizidgefährdeter Menschen
  e.V., Rizzastr. 14, 56068 Koblenz,
  Tel. 02 61/98 44 40

- Kriseninterventionsdienst im St- Elisabeth-Krankenhaus,
  Friedrich-Ebert-Str. 59, 56503 Neuwied,
  Tel. 0 26 31/8 20

- Kontakt- und Krisenhilfe im Ennepe-Ruhr-Kreis e.V.,
  Wilhelmstr. 13, 58332 Schwelm,
  Tel. 0 23 36/1 84 08

Postleitzahl 6

- Beratungsdienst Hauptwache,
  Hauptwache, 60313 Frankfurt/Main,
  Tel. 0 69/29 27 11

- Krisenintervention der Städtischen Kliniken Darmstadt,
  Grafenstr. 964283 Darmstadt,
  Tel. 0 61 51/10 71

- „Die Arche" – Beratung und Hilfe zum Weiterleben,
  Postfach 21 04 23, 67004 Ludwigshafen,
  Tel. 06 21/51 01 84

Postleitzahl 7

- Psychosoziale Beratungsstelle für Selbstmordgefährdete und
  Menschen in Lebenskrisen,
  Kartäuserstr. 77, 79104 Freiburg,
  Tel. 07 61/3 33 88

- Arbeitskreis Leben (AKL) – Laienhilfe und
  Kontakt in Lebenskrisen,
  Schöllkopfstr. 65, 73230 Kirchheim,
  Tel. 0 70 21/7 50 02

- Arbeitskreis Leben Stuttgart e.V. – Hilfe bei
  Selbstmordgefährdung und Lebenskrisen,
  Eierstr. 9, 70199 Stuttgart,
  Tel. 0711/600 620,
  Fax 07 11/6 07 91 69,
  E-mail: ak-leben-stgt@t-online.de

- Arbeitskreis Leben (AKL e.V.) – Hilfe und Kontakt in
  Lebenskrisen,
  Österbergstr. 4, 72074 Tübingen,
  Tel. 07071/1 92 98

- Arbeitskreis Leben (AKL) Laienhilfe und Kontakt in
  Lebenskrisen, Frickenhäuserstr. 16, 72622 Nürtingen,
  Tel. 0 70 22/3 91 12

- Arbeitskreis Leben
  Weinsberger Str. 45, 74072 Heilbronn,
  Tel. 0 71 31/16 42 51

- "Die Brücke",
  Kronenplatz 1, 76133 Karlsruhe,
  Tel. 07 21/38 50 38

- Arbeitskreis Leben e.V.,
  Hirschstr. 118, 76137 Karlsruhe,
  Tel. 07 21/81 14 24

- Kontaktkreis Leben,
  Aspenweg 25, 78727 Oberndorf-Neckar,
  Tel. 07423/36 04

- Arbeitskreis Leben Reutlingen e.V.,
  Karlstr. 28, 72764 Reutlingen,
  Tel. 0 71 21/4 44 12

- Sorgentelefon für Erwachsene,
  79641 Schopfheim,
  Tel. 0 77 62/90 01

- Arbeitskreis Leben (AKL) Sindelfingen
  (am Städtischen Krankenhaus),
  Artur-Gruber-Str. 70, 71065 Sindelfingen,
  Tel. 0 70 31/98 20 06,
  Fax 0 70 31/98 22 14

Postleitzahl 8

- Die Arche – Selbstmordverhütung und Hilfe in Lebenskrisen e.V.,
  Viktoriastr. 9, 80803 München,
  Tel. 0 89/33 40 41

- Ehe-, Familien- und Lebensberatung,
  Jesuitenstr. 4, 85049 Ingolstadt,
  Tel. 08 41/30 91 11

- Kriseninterventionsstation des Bezirkskrankenhauses Haar,
  Ringstr. 12, 85540 Haar (b. München),
  Tel. 0 89/46 18 24 00

- Psychiatrisches Landeskrankenhaus,
  88214 Weissenau-Ravensburg,
  Tel. 07 51/7 60 10

Postleitzahl 9

- Ambulanter Krisendienst Nürnberg/Fürth,
  An den Rampen 29, 90443 Nürnberg,
  Tel. 09 11/4 24 85 50,
  Fax 09 11/4 24 85 58

- Die Brücke – Lebensberatung,
  Vierzigmannstr. 3, 91054 Erlangen,
  Tel. 0 91 31/2 59 64

- Krisendienst HORIZONT – Hilfe bei Selbstmordgefahr,
  Hemauer Str. 8, 93047 Regensburg,
  Tel. 09 41/5 81 81

- Soziale Beratung im Diakonisch-Sozialen Zentrum,
  Elsässer Str. 9, 96450 Coburg,
  Tel. 09 5 61/2 77 21

- Sozialpsychiatrischer Dienst der Würzburger Brücke e.V.,
  Juliuspromenade 3, 97070 Würzburg,
  Tel. 09 31/5 54 45

- Krisendienst Würzburg – Hilfe bei Selbstmordgefahr,
  Kardinal Döpfner Platz 1, 97070 Würzburg,
  Tel. 09 31/57 17 17

Weitere Informationen zu Krisenintervention und
Psychotherapie finden Sie im Internet unter
http://www. krisen-intervention.de

Österreich

Telefonseelsorge:
bundesweit Vorwahl/142

- Kriseninterventionszentrum Wien,
  Spitalgasse 11/3, 1090 Wien,
  Tel. 01/4 06 95 95-0

- Beratungszentrum für psychische und soziale Fragen,
  Granatengasse 4/I. Stock, 8020 Graz,
  Tel. 03 16/7 11 00 40

- Lebensberatung,
  Kolpinggasse 6, 9010 Klagenfurt,
  Tel. 04 63/5 67 77

- Zentrum für seelische Gesundheit
  (Landesnervenkrankenhaus Klagenfurt),
  St. Veiter Str. 47, 9010 Klagenfurt, Tel. 04 63/53 82 30 00,
  Psychischer Not- und Krisendienst Tel. 06 63/04 12 40
  (tägl. 0-24 Uhr)

- Krisenintervention,
  Hessenplatz 9, 4020 Linz,
  Tel. 07 32/21 77 oder 21 78

- Krisenintervention,
  Gailenbachweg 13a, 5020 Salzburg,
  Tel. 06 62/43 33 51 oder 44 83-43 21

- Psychosozialer Dienst,
  Bräuhausgasse 2, 3100 St. Pölten,
  Tel. 0 27 42/8 44

- Lebensberatung,
  Karlgasse 3, 9500 Villach,
  Tel. 0 42 42/2 13 52

Schweiz

Telefonseelsorge:
bundesweit Vorwahl/143

Schweizerischer Verband „Die dargebotene Hand"
Zentralsekretariat
Zähringer Str. 53
CH-3012 Bern
Tel. 031/301 91 91

Literatur

Thomas Bronisch: *Der Suizid. Ursachen – Warnsignale – Prävention.* München (Beck), 2. Aufl. 1996.

Dörner, Klaus/Ursula Plog: *Irren ist menschlich.* Bonn (Psychiatrie-Verlag) 1996.

Wolfram Dorrmann: *Suizid.*Therapeutische Interventionen bei Selbsttötungsabsichten. Stuttgart (Klett-Cotta), 2. Aufl. 1998.

Heinz Henseler: *Narzißstische Krisen.* Zur Psychodynamik des Selbstmords. Wiesbaden (Westdeutscher Verlag), 3. Aufl. 1990.

Adrian Holderegger: *Suizid und Suizidgefährdung.* Humanwissenschaftliche Ergebnisse und anthropologische Grundlagen. Freiburg i. Brsg./Fribourg (Herder/Universitätsverlag Fribourg) 1980.

Christa Hömmen: *Mal sehen, ob ihr mich vermißt.* Reinbek (Rowohlt) 1989.

Karl Menninger: *Selbstzerstörung. Psychoanalyse des Selbstmords.* Frankfurt/Main (Suhrkamp) 1978.

Pohlmeier, Hermann/Adrian Holderegger/Günther Kaiser: Suizid, in: Eser, Albin/Markus v. Lutterotti/Paul Sporken (Hrsg.): Lexikon Medizin, Ethik, Recht. Freiburg (Herder/Spektrum 4073) 1989/1992, Sp. 1126ff.

Erwin Ringel: *Das Leben wegwerfen?* Wien (Molden Wien) 1999.

Erwin Ringel: *Der Selbstmord.* Eschborn (Klotz), 7. Aufl. 1999.

Wachsen und sich neu entdecken

Verena Kast
Vom Sinn der Angst
Wie Ängste sich festsetzten und wie sie sich verwandeln lassen
Band 5525

Mit tiefenpsychologischem Scharfblick analysiert Verena Kast die Dynamik, die Angst zum lebensbestimmenden Element macht. Ein grundlegendes, gut zu lesendes Werk zur Thematik Angst.

Irmtraud Tarr Krüger
Das Leben meint es gut mit dir
Anregungen zur Lebenslust
Band 4786

Tips für Körper und Seele, die gut tun und neue Energien freisetzen: sich jeden Tag ein bißchen selbst verwöhnen.

Liliane Juchli
Wohin mit meinem Schmerz?
Hilfe und Selbsthilfe bei seelischem und körperlichem Leiden
Band 4745

Liliane Juchli zeigt, welche Wirkung Naturheilmittel und alternative Methoden haben, wann Medikamente oder psychotherapeutische Methoden sinnvoll sind. Eine praktische Anleitung, Schmerzen zu bewältigen.

Rudolf Köster
Das seelische Tief überwinden
Band 4722

Die praktische Hilfe zur Selbsthilfe für Menschen, die zu depressiven Verstimmungen neigen. Informationen und Ratschläge

Josiane de Saint-Paul
Nutzen Sie Ihre Chancen mit NLP
Lebensziele entdecken und verwirklichen
Band 4645

Oft stehen wir uns selbst mit eingeschränkten Denkgewohnheiten im Weg. NLP hilft, mehr aus unserem Leben zu machen.

HERDER spektrum

Michael Vincent Miller
Wenn die Liebe Angst macht
Liebesterror und wie man ihm entgeht
Band 4612

Miller beschreibt, wie die Wege hin zu einer glücklichen Liebe und Partnerschaft aussehen, wie es gelingen kann, sich aus dem Teufelskreis von angstauslösendem Machtstreben zu befreien.

Andrea Hesse
Schatten auf der Seele
Wege aus Angst und Depression – Meine Erfahrungen mit Therapien
Band 4510

Eine Betroffene zeigt, wie es gelingen kann, die Zwischentöne im Leben zu integrieren.

Arthur Samuels/Elisabeth Lukan
Im Einklang mit dem inneren Kind
Ein meditativer Weg zu sich selbst
Band 4491

Arthur Samuels Methode der heilenden Meditation mit dem „inneren Kind" kombiniert Transaktionsanalyse mit Erfahrungen buddhistischer Meditationspraxis.

Verena Kast
Sich wandeln und sich neu entdecken
Band 4477

Leben heißt: wachsen und sich neu entwickeln. Ein Aufbruch zu neuer Lebensleidenschaft.

Gina Kaestele
Umarme deine Angst
Neun Helfer zur Verwandlung von Hilflosigkeit und Angst
Das praktische Selbsthilfeprogramm
Band 4179

Die erfahrene Therapeutin zeigt, wie sich Unsicherheit und Angst in positive Kraft verwandeln lassen.

HERDER spektrum

Werner Rautenberg/Rüdiger Rogoll
Werde, der du werden kannst
Persönlichkeitsentfaltung durch Transaktionsanalyse
Band 4062

Dieses Buch hilft, die eigene Lebensgeschichte zu entziffern und alle
Möglichkeiten zur persönlichen Entfaltung zu nutzen.

Rüdiger Rogoll
Nimm dich, wie du bist
Wie man mit sich einig werden kann
Band 4046

Transaktionsanalyse konkret: Wer innere Konflikte aufarbeitet, kommt auch
mit seinen Mitmenschen besser zurecht.

Thomas Bock
Achterbahn der Gefühle
Leben mit Manien und Depressionen
ISBN 3-451-26366-1

Diagnosemöglichkeiten und Therapieformen für manisch-depressiv
Erkrankte. Das Buch hilft Betroffenen, Angehörigen und Freunden, sich
gegenseitig besser zu verstehen.

Ernst A. Stadter
Ich will dir sagen, was ich fühle
Wie Beziehungen gelingen
256 Seiten, Klappenbroschur
ISBN 3-451-23899-3

Unbewußte Tarnmechanismen in der Beziehung erkennen und überwinden.

Enid Howarth/Jan Tras
Unvollkommen lebt sich's besser
Gelassen und erfolgreich durch den Alltag
288 Seiten, Klappenbroschur
ISBN 3-451-26747-0

Erfolgreich gelassener werden und auch den Alltag genießen – wie das geht,
zeigt dieses Buch, das Lust aufs eigene unverwechselbare Leben macht.

HERDER